陈鼓应著作集

道家的人文精神

陈鼓应 著

中华书局

图书在版编目(CIP)数据

道家的人文精神/陈鼓应著. —北京:中华书局,2021.5
(2025.4 重印)
（陈鼓应著作集）
ISBN 978-7-101-15134-3

Ⅰ.道… Ⅱ.陈… Ⅲ.道家-人文主义-文集
Ⅳ.B223.1-53

中国版本图书馆 CIP 数据核字(2021)第 053637 号

书　　名	道家的人文精神	
著　　者	陈鼓应	
丛 书 名	陈鼓应著作集	
责任编辑	朱立峰	
封面设计	毛　淳	
责任印制	陈丽娜	
出版发行	中华书局	
	（北京市丰台区太平桥西里 38 号　100073）	
	http://www.zhbc.com.cn	
	E-mail:zhbc@zhbc.com.cn	
印　　刷	三河市中晟雅豪印务有限公司	
版　　次	2021 年 5 月第 1 版	
	2025 年 4 月第 4 次印刷	
规　　格	开本/920×1250 毫米　1/32	
	印张 7⅛　插页 3　字数 150 千字	
印　　数	9001-10500 册	
国际书号	ISBN 978-7-101-15134-3	
定　　价	35.00 元	

1992 年，陈鼓应在北京大学做一场题为《古典文化与现代生活的对话》的演讲

陈鼓应夫妇

《陈鼓应著作集》总序

一

我一生大部分时间都在校园中度过,这期间,两岸历经对立与交流的种种曲折。我的现实人生与学术人生亦颇多波折,两者交互抵触,有时又能相互彰显——现实人生的坎坷,常使学术路途中断,但我"困"而知之,不断激发求知的动能,进而丰富着我的学术人生。

我的著述主要分两类:一是学术专著,二是时感性的文章。后者将以《鼓应文存》为名,另外编成一个系列,包括《失落的自我》、《言论广场》、《台大哲学系事件》、《走进白色恐怖》、《台湾民主运动的脚步》等著作。这一系列反映着我所处的境遇与时代的路痕。

我的专业著作,主要集中在道家各派及三玄四典的研究。《悲剧哲学家尼采》是我的第一本书,这本小书奠定了我学术的基础,接着是《庄子浅说》,用力较深的则是费时多年的《庄子今注今译》。可以说,从尼采到庄子,是我学术路程的一条主线。借着他们,我将现实关怀与学术人生联系在一起。

二

大学期间,受先师方东美中国哲学史课程的影响,我体会到,如果不能了解一个民族的灾难,也就不能理解这个民族文化的深层底蕴。个体生命也是如此,正如叔本华所说:"一定的忧愁、痛苦或烦恼,对每个人都是时时必需的。一艘船如果没有压舱物,便不会稳定,不能朝着目的地一直前进。"我的现实人生与学术人生就是在这样矛盾的状态下并行演进着,恰恰体现了老子祸福相依的哲理。

中青年期间,我常处于逆境中,尼采的冲创意志和庄子在"困苦"中保持定力与超越的心境,对我产生了深远的影响,激励着我迎难而进,永葆生命的昂扬气概。

台湾在二十世纪六七十年代经历了白色恐怖,我在这一时期的学术著作反映了我内心对于自由民主的渴望。到了七八十年代,我在文献和学术论著方面打下基础。作为一个知识分子,在那段时空中,我虽然经受着现实环境的冲击,却还能积极地参与学术、文化上的反思。透过古籍文献的整理与诠释,我不仅得到传统人文思想的熏陶,还表达了对极端化与绝对化的神权思想的反感,阐发了对威权体制下的人身崇拜和造神运动的批判。这一时期,我以尼采和庄子为主的论著,都反映了"任其性命之情"的倾向。接下来,《道家的人文精神》和《庄子的人性论》两书的内容，又可以说是"安其性命之情"的展现。

三

《陈鼓应著作集》共二十本，它们分别在海峡两岸不同的时空中写成。有关尼采哲学和存在主义的介绍以及老、庄的注译，都是二十世纪六七十年代在台大校园里完成的。1973 年春夏，因为参与台大校园内的保钓运动、发表时论，我和王晓波在"台大哲学系"事件中首遭整肃。自此以后，我的学术人生被迫中断十余年，直到 1984 年才在北京大学重启学术生涯。

在北大哲学系执教期间，我除了陆续完成道家各派典籍的诠释，也针对当时大陆学界的研究现状，着力于围绕以下三个议题表达不同的观点，并在《哲学研究》等刊物上陆续发表相关论作：第一是中国哲学开端的议题；第二是《易传》的学派归属问题；第三是理学开山祖的问题。这三个重要的议题构成了我的《道家哲学主干说》的中心议题，这将是我的最后一本学术专著。

"9·11 事件"之后，整个世界更加动荡不安，就像司马迁所说"天下共苦，战斗不休"，也像泰戈尔《演讲集》中对西方思维方式的描述："西方人习惯于按照人们所归属的半球不同，而将人类世界断然划分为好的和坏的。这种傲慢的分裂精神严重地伤害了我们，给我国自己的文化世界造成巨大危害。"事实上，战争与冲突的根源多在于东西方文化上的差异。为此，我更愿意站在地球村的视角思考问题。中国哲学儒、墨、道、法各家，传承数千年而蕴涵着中国文化的内涵，各有其普世的价值。这种普世价值，是指在人文精神的照耀下，老、孔、墨、庄的思想都散发出普世的情怀,即老子的贵柔及其宽容心态、孔子的恕道及其家庭伦理、墨子的兼爱与非攻思想、庄子的艺术人生和齐物精神。

四

我们这一代都在内忧外患中度过重重的困境,我生长在动荡时代的福建客家山区。从我有记忆开始,日本军机就在我的家乡频繁轰炸,导致平民死伤无数,给我留下难以磨灭的深刻印象。

由于长时期目击了强权带给人类灾难的战争,逃难、流离、思乡之情始终扰动在我的生命中。然而,尼采的酒神精神、日神精神和《庄子》的"任其性命之情"、"安其性命之情"的洒脱心境,却赋予了我在困境中思索与写作的动力,使我能够在尼采的思想中,寻找到精神的家园,在《庄子》的天地中,寻找到心灵的故乡。

五

台大校园和北大校园是我这一生学术活动的中心点。我从台大哲学系退休之后,晚年又重返北大哲学系任教,有赖于北大哲学系主任王博教授的邀约和学校领导的大力支持。鹏程瀚宇公司孙宝良总经理帮我安顿入住到北大中关新园寓所,使我有了一个良好的环境,可以安心从事教学和研究工作。这一套著作集系列的筹划和出版,是由北京中华书局顾青总编辑积极促成的。对于上述诸位的雅情高谊,我在此一并致谢。

最后,我要说明的是:除了少数的几部书稿,著作集中的大部分书稿都曾在两岸出版过,此次汇编再版,都以最新或经过修订的本子作底本排版;除了少数几部新作外,凡旧稿中的前言或序言皆一仍其旧,予以保留,不再另行撰写。

陈鼓应

2015 年 4 月 21 日

于北京大学道家研究中心,时年八十

目　录

下编 老庄的人文思想

序　言

　　这本书汇集了我从 1995 年到 2011 年参加的国内外各种学术会议所撰写的文章,虽然这些文章有相当大的时空间隔,但都表达了我对道家思想在两个主题下的诠释:其一是道家的社会关怀,其二是老庄的人文思想。

　　本书以《道家的人文精神》为名,意在阐发历代道家的人文情怀。在我看来,道家思想园地里,人文与自然是相互蕴含的。老子的"道法自然"洋溢着人文的内涵,而庄子赞叹"天地有大美而不言"时,物理的自然中深透着人文的意蕴,更由人文的自然提升到境界的自然。借用方东美先生的话,道家的自然"在中国人文主义者看来,都是普遍生命流行的境界"。

　　这是继《老庄新论》之后另一本阐释原始道家的书。两书有理路上的一贯性,也有发展上的不同。《老庄新论》在写作上有几个特点:第一是尽量根据文本来说话。不过,读者依然可以从字里行间隐约体会到我对老庄的评价要高于儒墨名法。第二,我对老庄思想做解释时,有相当浓烈的时代感受被置入我的诠释之中。我青年时代生活在威权体制下和道统意识的笼罩下,因此我有较强烈的反绝对主义、偶像主义和单边主义的思想观念,也反对凝固化、禁锢化和独断论的哲学系统。老庄开阔的心境能含容多元性、多样性的价值,这不只是我对《老》、《庄》做文本的诠释,这种理念也渗透到我内心深处。所以,我字里行间不自主地凸现出自由自适的意境和相尊相蕴的齐物精神。本书与《老庄新论》的略异之处在于主题更为明确。首先,作为一名知识分子,几乎每篇文章都透过老庄表达了我对社会的关怀。其次,作为一名学术工作者,尼采和庄子是我进入哲学领域的两个通道。他们都歌讴生命,以生命为主题。透过这两者照见了西方文化的辉光,也透视了西方中心论的弊病。我这本书的最后一篇文章《异质文化的对话》表达了我这样的观点。

在本书十余篇文稿中,所引述的事例和论述的观点,颇有些重复之处,敬请读者见谅。凡重复引述的事例和论述的观点,委实是出于我内心不自抑的流露。例如,当我的论述放眼到国际事物时,我所耳闻目睹的日军的侵华的暴行,便无可阻遏地从我的记忆中一再浮现出来;当我讨论到地球村的一些情景时,破除西方中心论及探索其集权宗教的历史渊源,便不期然地在我的笔下一再陈述。从道家思路审视现实世界,我确有"书不尽言,言不尽意"之感!

鼓应

2011 年 12 月中旬于北京大学哲学系

上编
道家的社会关怀

道家的社会关怀

春秋战国之际，中国社会处于空前的动荡变化之中，传统的礼乐制度已不能维系正常的社会秩序及政治运作，各阶层人们的生存状态也面临着深刻的危机。在这种局面之下出现的诸子百家，无一例外地对社会政治制度、社会秩序以及人的生存状况表现出极大的关心。道、儒、墨、法诸家从不同的角度提出了不同的主张，它们互相争鸣、交汇，共同促进了中国社会政治哲学及人生哲学的形成与发展。本文特就道家学派在人间社会诸多问题上的主张略作说明。

一、道家入世的态度及方式

一提起道家，很多人便把它与老庄等同起来。而实际上，在道家这一名称下包含有众多的派别及倾向，仅用老庄是不足以概括的。譬如老子与庄子之间，便有关尹、杨朱、列子，他们的事迹及学说要旨在《庄子》及《吕氏春秋》中都有记载。此外更重要的是战国时期声势最大的黄老学派。这一学派的面貌及其在道家思想中的重要位置,随着马王堆汉墓帛书的出土,受到越来越多学者的注意。实际上,在这之前,一些著名学者就曾论及,不过并没有受到学界的重视。如蒙文通先生早已指出:"百家盛于战国,但后来却是黄老独盛,压倒百家。"①若再回过头来看看汉人从司马谈到班固的说法,都视黄老为道家的主流学派。这种情形应引起我们特别的关注。

在现代的学者中,人们非常强调道家思想与隐者的关系,隐者被认为是道家的社会基础。固然,隐士可以视为道家思想的先驱人物,但我们还要意识到,道家学派或思想是非常复杂的,如陈荣捷先生所说:"(隐士)最多不过反映道家思想的一个角度,而这个角度又不是最重要的。"②实际上,过分强调道家思想与隐者的关系,往往会给人留下道家消极而出世的印象,这是人们对老庄思想发生误解的一个重要原因。

道家内部众多的倾向大体上可以分为老学、庄学与黄老学三个派别。它们入世的角度及深度虽有异,但同样把目光投向了变迁中的社会。本文以下的讨论即以上述三派的区分为基础,或分或合地进行。

道家三派所关注的范围,不外乎治身及治国两方面。治身及治国并提,较早见于作为黄老学文献的《吕氏春秋·审分》:"治身与治国,一理之术也。"以治身与治国为一个道理。这两个方面其实也就相当于《庄子·天下篇》所说的"内圣外王",同时就

---

① 蒙文通《古学甄微》,巴蜀书社,1987 年,页 276。
② 陈荣捷《中国哲学论集》,台北中研院中国文哲研究所,1994 年,页 168。

是道家入世的两种主要方式。老、庄与黄老都涉及到了这两个方面,但有侧重点的不同。兹分别介绍于下:

(一)老子的治身与治国

老子之学继承了史官的文化传统,推天道以明人事,故提出道的学说,以为其入世的依据。史官因其特殊的职业背景,对于社会政治有浓厚的兴趣,所以老子思想主要关心的是治道。我们熟悉的自然无为等观念主要是作为社会政治原则而提出的。但由于政治的关键在侯王、国君,因此,这些原则之可行与否,又与侯王个人之品质有密切关系,故治国亦须以修身为依据。《老子》五十四章说:

> 修之于身,其德乃真;修之于家,其德乃馀;修之于乡,其德乃长;修之于邦,其德乃丰;修之于天下,其德乃普。
>
> 故以身观身,以家观家,以乡观乡,以邦观邦,以天下观天下,吾何以知天下之然? 以此。

这里由身推到家、乡、邦、天下,老子内圣外王的思路表现于此。其修身的具体方法,即是通过一定的步骤复归到朴德不散的状态。这个步骤可从三方面讲:一是"天门开阖,能为雌乎"(十章),使感官活动不过分外驰;二是"涤除玄鉴"即"虚其心",以使内心达于清明之境;三是"专气致柔",以使人达到"精、和之至"的婴儿状态,保持常德不离。经过这样的修持,君主便可实践老子所提出的那些政治原则,即"唯道是从"。

老子治国及治身的方法,其特异处是在"以退为进"或"损之而益"。其理论基础则是对道的运动("反")及作用("弱")的理解,其实质则是长时期历史经验的总结。在老子的"以退为进"或"损之而益"中,"退"或"损"只是一种方式。"进"或"益"才是要达到的目的。我们不能因老子强调了"退"或"损"的方面,便得出其思想消极、倒退的结论。

(二) 庄子的"内圣外王"

《庄子》一书由内篇、外篇和杂篇三个部分组成,一般学者都承认,内七篇是我们研究庄子思想的主要材料。与老子相比,庄子明显地把注意力主要放在了治身即内圣的方面。他的治身,主要表现为对个人生命的关注。因为特殊的时代背景,又被迫采取"外其形骸"的主要养神、养心的选择,提出"心斋"、"坐忘"等以为其逍遥游世的内在依据。

"内圣外王"一词最早见于《庄子·天下》篇,作为一种理想道术的形态而提出。《天下》篇所标示的"内圣外王"的理想,是十分独特的,它怀抱着"育万物,和天下,泽及百姓"的社会意识,又具有"配神明,醇天地"的宇宙精神。《天下》虽非庄子所自作,但"内圣外王"也是庄子本人学术的理想。《逍遥游》鲲鹏寓言所表达的远举之志,《外物》篇任公子钓大鱼寓言所表达的"经世"之志,可以见出庄子未尝没有济世的抱负,只是囿于世道的黑暗,而无法实行。因此,才对治平之事表现出不关心甚至鄙视的态度。在《应帝王》中不得已提到治道时,只是说"顺物自然而无容私焉,而天下治矣"。但是,对外王方面的不甚重视并不表示庄子缺乏对社会的关怀与社会责任感。他对乱世之中个人命运的关怀恰恰是许多士人所忽视的社会生活的一个重要方面。

(三)黄老学的"心治"与"国治"

黄老学作为战国时期的显学,产生于战国早中期,其代表作便是马王堆汉墓出土的帛书《黄帝四经》,此后,许多人学习黄老学,如司马迁在《史记·孟荀列传》中曾提到田骈、环渊、慎到、接子等,他们都是齐国稷下学宫中的稷下先生,因其学说阐发黄老思想,故黄老学在稷下得到了迅速的发展,成为一个以黄老道家思想为主导的学术中心①。形成于稷下的《管子》一书中有大量的篇章如《内业》、《心术》上下、《白心》以及《形势》、《宙合》、《枢言》、《水地》、《势》、《正》等均属于黄老学著作(其中以我们现在习称的《管子》四篇即《内业》、《白心》、《心术》上下最为重要)。

在上述道家三派中,把治身与治国结合最为紧密且对后世政治发挥实际影响的是黄老学派,特别是稷下道家。在《黄帝四经》中,治国的方面得到了格外的强调,却很少涉及治身方面。稷下道家则不然,《心术下》说:"心安是国安也,心治是国治也。"心安、心治是治身、内圣,国安、国治是治国、外王,二者究其实乃是一体、一理。当然,因身与国其事不同,其治身与治国的具体方法也各异。就治身而言,《内业》提出了精气说以为依据,认为精气是人生命力及智慧的基础或来源。它说:

> 精存自生,其外安荣,内藏以为泉原,浩然和平,以为气渊。渊之不涸,四体乃固;泉之不竭,九窍遂通。乃能穷天

---

① 陈荣捷先生在《战国道家》一文中指出:"战国的道家以稷下为最盛。其所知名的十七人中,彭蒙、慎到、接子、田骈、环渊、宋钘、尹文七人有道家之学,比较儒家只有孟子、荀子两人……不止三倍。"可见稷下道家人物之盛。见《中国哲学论集》,页234。

地,被四海。

因此,人首要的目标便是护养住精气,其具体方法是内静而外敬。内静是指人心保持虚静状态,《内业》说"修心静意,道乃可得",道即指精气。外敬则指人之形体动作要端正,"形不正,德不来"。《内业》曾描述了人若能做到"内静外敬"之后的效用:

> 人能正静,皮肤裕宽,耳目聪明,筋信而内强。乃能戴大圆,而履大方,鉴于大清,视于大明。敬慎无忒,日新其德,遍知天下,穷于四极。

在治国的方面,稷下道家同样要求君主须保持虚静的心态,而因任物之自然,所以提出了所谓"静因之道"。《心术上》说:"因也者,舍己而以物为法者也。感而后应……缘理而动。"要求君主去除己意,完全依物理而动。物有形有名,圣君因之而立法,如此"名正法备则圣人无事"。

以上所述表明,道家三派在春秋战国时期社会大变动中,都以入世的精神关注着社会生活的不同方面。它们并提出具体的办法,以求在社会变革中发挥积极的作用。

二、道家对理想社会政治制度的看法

在社会大变革中,政治制度是一个非常突出的方面。从西周到春秋时期,政治制度是由礼来规定并通过它体现的。礼崩乐坏的现实状况给不同政治制度方案的出现提供了现实的可能性。在这些不同的政治制度设计中,既有从孔子开始为图恢复并完善以礼为核心的政治秩序,并主张发挥人的内在道德性以为其根据的儒家,也有要求把君主专制与以法治国结合起来的法家。比较起来,道家特别是黄老学派的政治设计似乎介于儒家和法家之间。

道家中老子及黄老一系,历史上被视为"君人南面之术"。这"术"字应该从广义上来理解,并不限于法家所说"术"的范围。广义的"术"即是一种方法,君人南面之术就是君主统治、治理国家的方法。道家关于此方法有一整套的理论加以说明。

(一)贵时主变

社会的大变动要求政治制度的革新,诸子百家都了解这一点,但理论上的说明是另一回事。应该说,就对"变革"的思考来说,道家在诸家中是最深刻的。司马谈《论六家要旨》曾强调道家对变革的态度,他说"道家使人精神专一……与时迁移,应物变化……因时为业……因物与合……圣人不朽,时变是守"。司马谈的确掌握了道家"贵时主变"的特点。不过,司马谈心目中的道家,乃指黄老一系而言。而贵时主变确实是老学发展到黄老之学的一个重要的特征。

道家从老子起就重视变化的普遍性。作为万物本原的道,本身就是一个变动体。"周行而不殆"及"反者道之动"都指道处在永不停息的循环运动之中。对道的这种理解既有自然天道的背景,同时也是社会情形的折射。老子力图把握社会变动中的规律性——变中之常,以使自己在纷纭的变化中居于主动地位。老子说:"知常,明;不知常,妄作,凶。""常"在老子那里通过道表现出来,他要求人们的行为应合于道及天道。这在现实生活中就表现为对时机的认识、把握,即是他所强调的"动善时"。

时及变的观念在黄老学派中得到了进一步的强调。马王堆帛书《黄帝四经·经法》说："天地无私,四时不息。"客观世界的变化是永不停止的,置身于此变化之流中的人应该有如何的对策呢?《经法》说："应化之道,平衡而止。"所谓平衡,即是行为得当,合时宜,无过与不及,即"静作得时"。帛书《黄帝四经》认为,人们应根据时机是否成熟来决定是静还是作,"天时不作,弗为人客"、"当天时,与之皆断。当断不断,反受其乱"。因此,圣人并不依靠机心取巧,但知待时而动,所谓"圣人不巧,时反是守"。《管子》中同样十分重视"时",如《白心》讲"以时为宝"、"时变是守",《宙合》认为要"审于时",说"圣人之动静,必因于时,时则动,不时则静"。

从理论上来讲,道家对时、变的讨论都与天或道有关,而其现实的意义则在于道家面对变化着的社会,力图对之做出说明,并以某种方式积极地参与进去。从这个意义上讲贵时就是掌握社会变化的节奏,而主变即是参与社会的变革。在社会变革面前,道家并不都是墨守或开倒车。《管子》中关于武王伐纣的评价足以表明这一点。《白心》说："子而代其父,曰义也,臣而代其君,曰篡也,篡何能歌,武王是也。"子而代父,是某一阶段社会演进的正常情形,是合乎义的;从这个立场上来看,以臣代君是篡,不合乎义,但在有些情况下,这种篡的行为因其顺天应人、适应了社会变化的趋势,仍值得称赞。如武王伐纣即属此类。这是属于政治权力转移的问题。至于制度方面的变革,受黄老思想影响的《庄子·天运》有十分精辟的论述："夫水行莫如用舟,而陆行莫如用车。以舟之可行于水也而求推之于陆,则没世不行寻常。古今非水陆与？周鲁非舟车与？"从古至今，社会发生的变化就好比是水面变成陆地，相应地，人们的交通工具也应由舟变成车。否则的话，"劳而无功，身必有殃"。《天运》篇还把制度比作"桔槔"，它说："且子独不见夫桔槔者乎？引之则俯，舍之则仰。彼，人之所引，非引人也。故俯仰而不得罪于人。"制度应该被人牵引而不是相反，因此，某一制度若已不合时宜，不能被绝大多数人接受，就应变革。所以该篇后文总结说："故礼义法度者，应时而变者也。"正是本着这样的一种态度，道家才提出了自己不同于传统制度方面的主张。

（二）道德形名

就现实的社会制度而言，诸子兴起时所面对的是弊端丛生几近崩溃的礼制，它以建立在血缘关系基础上的亲亲、尊尊等原则为核心，通过一系列的名、器来表现。就对礼制的态度而言，除儒家力图改良、恢复外，各家均表示了怀疑、批评甚而否定的立场。老子提出，"夫礼者，忠信之薄，而乱之首也"，"上礼为之而莫之应，则攘臂而扔之"，表明老子认为，礼已经变成了统治阶层强制百姓的工具，破坏了社会道德及秩序。当然，老子并没有提出自己正面的具体主张，他只是讲了一些一般的原则，如"法道"之类，这项工作有待黄老学派来完成。

黄老学派关于社会制度方面的主张也有一个变化的过程。帛书《黄帝四经》第一次在道家中引入了"法"的观念，而后来的稷下道家又把"礼"也包括了进来（见《管子·心术上》）。《黄帝四经》所谓"法"有这样几个特点：第一，它的来源及依据是天道。《经法》一开始便说"道生法"。从其具体的论述来看，它是说从虚无无形的道中生化出天地四时,天地四时的运动表现出一定的法则,人们依此而确定治国的原则,就是法。因此,通过"道生法",法就获得了客观性。第二,以法度治国,要求精公无私,反对依据君主主观的愿望或想法治国,这就把法与"礼"区别了开来。与"礼"所包含的"亲亲"、"尊尊"等内容相比,《黄帝四经》也更强调尊贤重士。第三,《黄帝四经》所谓法以客观的天道及理为基础,也不同于以巩固君主专制为目的、主要反映君主私意的法家所谓的"法"。第四,法通过形名来表现,《四经》由此肯定名的必要性。

总的来说,在对"法"的理解上,《四经》强调了其有客观的道理为依据。比较起来,稷下道家则又增加了"人情"味。《心术上》认为,道德义礼法各有其地位及作用:

> 事督乎法,法出乎权,权出乎道。

在对"礼"的说明上,稷下道家又进一步说:"礼者,因人之情,缘物之理……故礼出乎义,义出乎理,理因乎宜者也。"这样,道家对理想制度的设计就更显全面,它既是符合道理的,又是合乎人情、人性的,天道与人性在这里得到了统一。

这样就更进一步把道家所谓"法"(广义的用法)与法家的"法"区别了开来。很多人都知道道家对儒家泛道德主义的批评,抨击道德化的政治导致素朴德性的丧失,但道家绝对不是不考虑人的本性及情感。从老子提出"圣人无心,以百姓心为心"到稷下道家的"因人之情",都表现出道家思想中所包含的深厚的人道关怀。

（三）君无为而臣有为

为了保证礼法的有效实施,道家还提出了政治权力中的操作原则,即君无为而臣有为。这一原则正式出现于黄老学派。从历史上来看,老子针对统治者第一次提出了"无为"的主张,认为君主无为,百姓可以自化、自正、自富、自朴。老子的无为主要是想消解统治者对百姓过多的控制与干涉,给百姓以更多的生存空间,以使社会恢复并保持和谐与秩序。当然实际的社会并没有这样简单,仅靠无为不能就使社会恢复秩序,正是由于此,黄老学派才提出了"法"作为君主无为的补充,《经法》云:"故执道者之观于天下也,无执也,无处也,无为也,无私也,是故天下有事,无不自为形名声号矣。形名已立,声号已建,则无所逃迹匿正矣。"《十大经》也说:"欲知得失,请必审名察形。形恒自定,是我愈静,事恒自施,是我无为。"君主之无为,是因为有形名法度约束天下。与此相应,就必须有执法的人,即所谓臣。黄老学派认为,君主必须无为,而臣子则必须有为。《庄子·天道》及《管子》中的黄老派作品都明确提出了这一原则。《天道》说:"无为也,则用天下而有馀,有为也,则为天下用而不足……上必无为而用天下,下必有为为天下用。此不易之道也。"《管子·心术上》也说:

> 心之在体,君之位也;九窍之有职,官之分也。耳目者,视听之官也,心而无与于视听之事,则官得守其分矣。夫心有欲者,物过而目不见,声至而耳不闻也。故曰:上离其道,下失其事。故曰:心术者,无为而制窍者也,故曰君。毋代马走,毋代鸟飞,此言不夺能能,不与下试也。

这是以心与九窍比喻君臣,充分表现稷下道家以治身、治国为一理的特点。照这里的解释,君无为而臣有为,第一是为了区分君臣的不同角色,并保证君主处于主动的地位,第二则是为了有效发挥大臣的能力,使各尽其责。总之,是于上于下都有利的原则。"君无为而臣有为"的主张,对法家产生了重大影响,并在中国实际的政治生活中发挥了作用。

(四)礼乐文明的重建

在一般人的心目中,道家常被看作是道德及文明的否定者,这其实是一个极大的误解。道家反对虚伪的、工具化了的道德,反对扭曲人性的文明,但绝不是反对一切的道德及文明。

道家从老子开始便富于浓厚的道德意识,老子标举"三宝",又着意于厚实、敦朴、质真、虚怀若谷等诸德的提倡,这是众所熟知的。此外还有两点值得注意:其一,老子阐扬"给予的道德"(《老子》八十一章:"圣人不积,既以为人己愈有,既以与人己愈多。"),他的这一观点颇受当代社会学家艾·弗洛姆的推崇。十九世纪著名的哲学家尼采也高度肯定"给予的道德"。其二,老子强调"信",也重视"仁"。前者已为众所周知(老子重信,《老》书中有许多发人深省的语句,如"信者吾信之,不信者吾亦信之,德信"、"信言不美,美言不信"等),后者却为人们所忽略。一般人只注意到老子"绝仁弃义"的主张,而实际上他反对的并非仁义本身,而是被统治者形式化并成为其道德工具,事实上老子也重"仁",《老子》八章即云"与善仁",可见人际关系老子最重仁爱。

从上述观念出发来看老子对礼的批评,所谓"礼者忠信之薄而乱之首",只是对没有敦朴道德为基础的礼乐制度的评论。这正如庄子对孔子门徒只注重外在的仪式,而忽略内心的情感所提出的批评:"子恶知礼意?"他称那些似孔子门徒者为"散德之人",即失去了敦朴的道德。庄子要追求的是在礼背后作为礼之根源的东西。到了庄子后学那里,便进而要求在道德之下重建礼乐制度。如《天道》所说:

> 是故古之明大道者,先明天而道德次之,道德已明而仁义次之,仁义已明而分守次之,分守已明而形名次之……礼法数度,形名比详,古人有之。

《在宥》也强调仁、义、礼等的必要性。该篇说:

> 远而不可不居者,义也;亲而不可不广者,仁也;节而不可不积者,礼也;中而不可不高者,德也;一而不可不易者,道也;神而不可不为者,天也。

这都是把仁、义、礼放在天、道、德之下,表现出道家与儒家的区别。

这种于道德之下重建礼乐制度的努力在稷下道家那里表现得最为突出。作为强大且又锐意改革的齐国发展起来的一种思潮,稷下道家在继承早期道家及齐学传统的基础上,表现出更大的包容性及强烈的现实参与精神。《管子》中有"礼、义、廉、耻,国之四维"的说法,在稷下道家的篇章中,礼、乐等同样受到了肯定。如《内业》所说:

> 是故止怒莫若诗,去忧莫若乐,节乐莫若礼,守礼莫若敬,守敬莫若静。内静外敬,能反其性,性将大定。

这里是强调礼乐之于修身的意义。而《心术上》则强调礼义之于治国的重要性。它说：

> 虚无无形谓之道，化育万物谓之德，君臣、父子、人间之事，谓之义，登降揖让，贵贱有等，亲疏之体，谓之礼。

与庄子后学相同，稷下道家也强调礼、义对于道德的从属地位，在此基础上，对于礼也就有了重新的解释：

> 礼者，因人之情，缘物之理，而为之节文者也。（《心术上》）

这样的礼就不再是一个与现实的人情物理相脱离的、徒有其表的装饰品，而是一个可以在现实社会中有效地发挥作用的东西。礼可以说有两个特点，一是因（缘），二是节。"因"包括两方面，一方面是因顺人之情，如老子所说"以百姓心为心"，富于古代民主之精神；另一方面是因顺物之理，又有古代科学的精神。"节"即是协调人之情与物之理，使之有机地统一起来，这同时也包含了依据社会具体的发展情形而采取一种适当的制度之义。

从老、庄对礼乐制度的批评到庄子后学、稷下道家的重建礼乐制度，是一个合乎逻辑、也合乎现实需要的变化。后者正是在前者的基础上提出的建议性的主张，因为只有这样，道家思想才能对于现实具有影响力，实际参与社会的变革。从这个意义上讲，稷下道家是把老子的思想"现代化"了，而老子思想也正因为此种"现代化"发挥了越来越大的作用。

总的来说，道家关于社会政治制度应因时而变的看法，是古代中国社会变革理论中的一个重要而合理的内容。与儒家、法家相比,道家的变革主张可以称作是改革,而法家近乎激进的革命,儒家则近乎保守的改良。道家否定了礼,又包容了礼;肯定了法,又改造了法。它提出并发挥了"因"的观念,同时又强调了变革的普遍性与必然性,比较好地处理了因与革的关系。

三、道家对个人生命处境的关注

社会大变动所产生的影响是多方面的。不仅有政治秩序的问题,同时社会中的每个人都会受到不同程度的冲击。一般而言,先秦诸子大多把目光投向了政治秩序的重建,而无暇顾及乱世中个人生命所受到的压力。庄子是一位特殊的"例外者",以其敏锐的感受接触到了这一"盲点",他的哲学可以说是一首关于乱世中个人生命的悲歌。

人生在世,第一面临的是生存问题。这不仅是指衣、食、住等,更有政治社会环境对人的存在的危害。每当社会大变动之际,残暴的政治,连绵不断的战争都会夺去很多人的生命。庄子正生活在这样一个时代。《在宥》描述着"今世殊死者相枕也,桁杨者相推也,刑戮者相望也"的惨状,《人间世》篇也借楚狂接舆之口说出了这样的话:"方今之时,仅免刑焉。"庄子认识到,这种环境就像命运一般,是人们所无法逃避的。也许个别人可以遁入山林,隐藏起来,但这不可能是大多数人的选择。当一个人不能改变同时又不能逃避这险恶的环境时,他所能做的便是在现世中寻找避祸全生的办法。

在学者公认大部分为庄子自著的《庄子》内七篇中,《人间世》常常被忽视或斥为异端,其实这正是庄子生命哲学的基础。

它集中表达了庄子对时代的感受，以及对政治的高度敏感而转向关注个人生命的心路历程。

在各种纷争纠结的人际关系中，庄子特别将知识分子和统治者之间的对立作为选样，生动地描绘出两者关系中的微妙之处："天下脊脊大乱……故贤者伏处大山嵁岩之下，而万乘之君忧栗乎庙堂之下。"（《在宥》）这里突出表现了乱世中知识分子与最高统治者之间的矛盾关系。庄子在《人间世》中通篇表露出统治者对知识分子的猜忌之心。自古以来，知识分子总希望恪尽言责，他们关怀民瘼，发诤言，提意见，然而对于在上的权势者来说，忠言总是逆耳。《人间世》的开头，庄子虚构了仲尼和颜回对话的寓言，"治国去之，乱国就之，医门多疾"，表达了知识分子原本怀抱着救世的雄心，然而对统治阶级有着透彻了解的庄子却借仲尼之口劝诫道："若殆往而刑焉。"要知道权势者对知识分子是惯性地刻忌猜疑，残民以自暴，在权力系统中是结构性地为恶，知识分子救世的举动便一如"螳螂挡车"，伴君如伴虎，其结局可想而知。

纵观历史，"桀杀关逢龙，纣杀王子比干"，爱国者诤言换取的就是如此代价。左拉说："政治是最肮脏的行业。"两千多年前的庄子对此早已深有体会，故而决意不与虎狼对话，其"无用之用"的名言就是在这种极端情境下提出来的。"无用"便是不汲汲于市场价值，不被纳入统治阶层所拟定的价值规格，为其奔逐，供其驱使。"无用之用"便是避免沦为权势者的工具价值，以保全自己的生活方式，创造自己的生命意境。

要保全性命于乱世，而成就自己的特殊风格，确实是庄子所面临的人生历程上的一个重要课题。

在《庄子》内篇中,《人间世》表达了知识分子不可推卸的使命感及其悲剧命运;《应帝王》崇尚"游于无有"的无治状态;《齐物论》在于打破自我中心而臻于人我平齐之境,《养生主》晓喻养神之理;《德充符》破除外形残全的观念,重视人的内在价值,并标示形体丑与心灵美;《大宗师》描绘真人的人格风貌,阐述死生如一观及"天人合一"之境。从内七篇的主题思想来看,老庄虽并称于世,实则老自是老,庄自是庄。身为史官的老子,犹诚诚恳恳地向治者谏言,而近于平民知识分子的庄子,则有着更为沉痛的现实遭遇,对于屡遭浩劫的知识分子的心声有着更为贴切的回响。

老庄均崇尚"无为",却有着不同的内涵。老子说:"爱国治民能无为乎?"以"无为"为"爱国治民"的最高宗旨,其"无为"的主张是专就上层治者而提出的("无为"一词,《老》书凡十二见,除三十七章"道常无为"外,其馀均针对理想治者而立言)。庄子"无为"的概念则由老子专就上层治者的诉求向下落实到更广阔更普遍的个体之中,并将老子这一与治者有关的政治概念转化成为一个表现人的生存状态的词语。就内篇观之,"无为"仅出现三次,如"仿徨乎无为其侧"(《逍遥游》)、"逍遥乎无为之业"(《大宗师》)。这里庄子使用"无为"的概念以作为个体精神的一种自由自在、自适自得的心境的描述。《庄子》外杂篇也给予"无为"以诗意化的描绘,形容"无为"的情境为"采真之游",并将"无为"内化为"安其性命之情"(《在宥》:"无为也,而后安其性命之情。")。

《天下》篇对庄周风格的描述也是十分独特的。开头的一段是这样写的："芴漠无形，变化无常，死与生与，天地并与，神明往与！芒乎何之，忽乎何适，万物毕罗，莫足以归，古之道术有在于是者。庄周闻其风而悦之。"一般人总是依习俗常规而行事，有如被放置在既定的框架中拖曳而行，正如丹麦哲学家齐克果的一个比喻：一辆马车载着人在熟悉的路上行驶，即使马车上的驭者睡着了，马车依然能够向着熟知的方向前行。"芴漠无形，变化无常"，而人一旦被从特定的格式中解放了出来，却难免失其所依，而产生"何之"、"何适"的茫然感，面临着的将是一个虚无的深渊或者另辟一个崭新的天地。庄子的哲学便是教人在一个封闭的世界打破后，如何走出旧观念的洞窟，去重新安排自己的生命。

价值转换与价值重估是庄子哲学的一个重要课题，庄子一方面尖锐地指出"俗学……俗思……谓之蔽蒙之民"，"丧己于物，失性于俗者，谓之倒置之民"（《缮性》），并对世俗所追逐的价值提出深刻的反省（见《至乐》），另一方面运用浪漫主义的笔法，带领人们从河伯的天地走进海若的世界，从学鸠的场所走进鲲鹏的天地，教人不以目前而自足，扩展识见，开拓心思。《天下》篇描述庄周的意境是"生与死与，天地并与……独与天地精神往来"，在庄子看来，宇宙本是个生生不息的大生命，"天地并与"便是使个体生命流进天地的大生命之中。"宇宙被看成生命力量的关系的反映，而生命的每一方面都是彼此交叉的宇宙系统的一部分。"[1]这是印第安人对自然的宇宙观，也正是庄子的宇宙观。

---

[1] 引自张光直《考古学专题六讲》，文物出版社，1986年，页20。

　　珍视个体生命、个体意识的存在,庄子借用多种寓言阐示个体差异的现实意义,呼唤对于这种个殊性的理解的尊重。在他的寓言中,混沌被好心的朋友凿孔而死(《应帝王》),海鸟为热情的鲁侯庙飨而亡(《至乐》),对此庄子发出了"此以己养养鸟也,非以鸟养养鸟也"的慨叹。在缅怀先圣"不一其能,不同其事"的同时,期待社会多元局面的出现,令各种人格形态可以如"十日并出"、各种思想观念可以如"万窍怒号"(《齐物论》),形成一派自由繁盛的景象。

　　庄子这种对于个体生命尊重的要求,一直是中国知识分子在逆境中奋斗的目标,他的对于自由心声的呼唤,两千年后的今天,犹在人们心中激荡不已!

　　(本文为 1995 年底参加马来西亚大学中文系及堂联主办"传统思想与社会变迁"国际学术研讨会而作。刊于《道家文化研究》第十四辑,北京三联书店,1998 年7 月。)

道家的和谐观

翻开世界历史,战争与和平一直是人类社会的主旋律。人们祈求和平,但战火依然绵延不息。古希腊哲学家赫拉克利特的看法在西方哲学中十分具有代表性,他将斗争与和谐并提,他说:"互相排斥的东西结合在一起,不同的音调造成最美的和谐,一切都是从斗争中产生。"他看到事物对立的统一,更观察到事物对立的斗争。他指出,"相反的力量造成和谐",但是更加注意"战争是普遍的"。他认为,"万物都是由斗争和必然性产生的","战争是万物之父"。作为中国哲学之父的老子,在这个问题上有着不同的侧重面,老子注意到事物恒久地处在对立冲突中,但是他更加强调彼此的相互依存关系。他说:"万物负阴而抱阳,冲气以为和。"万物都从和谐中产生,和谐成了宇宙人生的最高准则与普遍规律。

英国哲学家罗素在《变动世界的新希望》一书中开篇便说,人类有三种冲突:人和自然的冲突,人和人的冲突及人和他自己的冲突。道家同样注意到这多种的冲突,但强调它们的和谐关系。这三种和谐关系用庄子的术语来说就是"天和"、"人和"、"心和"。庄子所开创的天人合一境界,成为中国人生哲学的最高境界。在这种境界与思想格局下,"天人合一"就必然成为"人和"与"心和"的最后归依。

先秦百家争鸣是中国思想史上的灿烂时期,诸子各持其趣,但对于"和谐"的观念,却都一致地力加倡导。不过,在思想角度的着眼上及其达到的途径上各有不同。儒家讲和谐,着重于纳入"礼制"的范围;墨家讲和谐,着重在人人发挥"兼爱"的互助精神;法家讲和谐,着重在法制的实施与履行。如果我们从哲学的角度来考察,儒、墨、法是在政治社会的层面来提出人际关系如何和睦相处,也就是说,儒、墨、法各家在"人和"的范围内提出和谐的主张;而道家不只重视"人和",还从一个更为宽广的思想视野出发提出"天和",也就是说,道家所关注的人间的和谐是由宇宙的和谐推衍而来的,道家所关注的社会秩序是由宇宙秩序推衍而来的。由此看来,道家所谈人间和谐与社会秩序是以宇宙和谐与宇宙秩序为主要依据的。

道家讲人和,并不只是一种政治和社会的主张,它是有其宇宙论的基础以及个体心灵的依据。以此,道家言及三和("天和"、"人和"、"心和")实已进入了一种高度哲学思考的领域。

一

先秦诸子处于政局大动荡、社会大冲突的时代,他们对于如何维持人间的和谐十分关切,留下了许多宝贵的经验与智慧之谈。提到人类的和睦,人们总是会首先想到孔门"和为贵"的名言,无论是个体间的矛盾、族群间的冲突,还是国际间的纠纷,当和解的曙光出现时,总是以"和为贵"作为解决纷争的最高原则。孔门的这句名言是在这样一种情况下讲的:"有子曰:'礼之用,和为贵。先王之道,斯为美;小大由之。有所不行,知和而和,不以礼节之,亦不可行也。'"(《论语·学而》)在这里,"和为贵"是"礼"的运用,用现在的话讲,主要是以社会规范为制约,无论大小事体都要做得合适恰当("小大由之")。孔子说:"君子和而不同,小人同而不和。"(《论语·子路》)和同的问题,本来就是春秋时代的一个公共论题,"和"作为认识论的一个概念,最早是由西周史伯提出的("和实生物,同则不济"),战国时的晏婴用"和"指不同事物相成相济的词义,引申而指"可"与"否"的相互统一,明确提出言论开放的主张。不过,孔子认为"攻乎异端斯害也矣",他与晏婴在这个问题上持着不同的看法,将"和"的相成相济的概念纳入到自己的礼制体系中来,认为君子求和,是在一定的原则"礼"之下,而小人的"知和而和",是为和而和,"不以礼节之",是君子所不取的("有所不行")。

　　孔子主"仁"而言"和",但都是在周代礼制的大前提下。而墨子是周代礼制文化的反对者,他对宗法制度在政治上的弊端有着敏锐的观察,指出"亲亲"的政治体制是造成"骨肉之亲,无故而富贵"的根源;他反对世袭制,主张"官无常贵,民无常贱"。墨子同样十分重视人际关系的和谐,"和"字在《墨》书中约三十见,超过《论》、《孟》的总和。墨子提倡兼爱,认为如果人人都能推广爱心,"上下调和",则小至父子兄弟可以齐心协力建立美好生活,大则形成上不凌下、官不欺民的政治气候,这样社会才能维持和睦稳定("吏民和")。墨子是一位具有世界眼光的社会哲学家,在当时的割据战乱的局势下,他不仅迫切地期望着一国的安定:"刑政治,万民和,国家富,财用足",而且期待四海之内都能再现升平:"天下和,庶民阜","一天下之和,总四海之内"。同时,他还反对霸权,指斥大国借用各种说辞干涉、侵略他国的行径(《非攻》:"必反大国之说。")。

韩非子与墨子一样用"上下调和"来描述理想社会,但他的视角与各家不同,强调"刑名参同"才能"上下调和";强调法治的重要性,认为法治是促进社会和谐的重要手段,这一主张在当今社会仍具有现实意义。

诸子之重视和谐,也受了他们的文化传统的影响。我们从诸子思想渊源的古典中也可见出,尤其是《尚书》中。《诗经》言"和",如"和乐"、"和鸣"等,多属歌声相应。《易经》言"和"仅两见,无甚深意(《中孚》:"鸣鹤在阴,其子和之。"此"和"与《诗经·伐木》、《鹿鸣》"和唱"之义同)。《易传》言"和"较受后人留意,如《象·乾》"保合太和"。"太和"一词为历代道教所喜用(如太和殿、太和山,而"太和"一词较早见于《庄子》,《象传》释乾卦,亦多用庄子语词)。《尚书》多就人际关系谈和谐,而且很合今天的情景。如《康诰》说"四方民大和会",这是说四方的人都盛大地集合到这里。《尧典》说"百姓昭明,协和万邦",今天国与国之间也要求有一个"协和万邦"的良好的国际环境。

中国历史文化数千年的发展,民族生命力的绵延实有赖于文化的凝聚力。诸子的和谐观,也是促进民族文化凝聚力的一个重要的文化内涵。

二

纵观诸子,无不在人文社会的基础上重视"人和"的重要意义,而道家对"和"的重视则更具丰富的含义。道家的"和"不仅讨论人际的和谐,还外延到宇宙的秩序与和谐。

《老子》一书言"和"凡八见,同于《论语》,但比《论语》内容上更为哲理化。首先,老子在宇宙生成论上提到"和"的重要性。《老子》四十二章"道生一,一生二,二生三,三生万物,万物负阴而抱阳,冲气以为和",对这一章的哲学含义,历来有多种解释,但将万物负阴而抱阳释为道或万物本身即蕴含着两种对立的原质或势能(阴、阳),则是道家各派以及承袭道家这一观点的儒家学派都共同接受的说法:阴阳本是相互对立的,但它们相互交通之后,则形成了一个新生的和谐体。这也是老子相反相成思想的体现,老子的这一思想,两千年来对中国文化产生了深远的影响。

"常"是老子哲学中的一个重要概念,它蕴含着和谐与规律之意。五十五章中同时出现了"和"与"常":"含德之厚,比于赤子……和之至也。知和曰常,知常曰明。"这里老子以初生婴儿"和之至"的状态,来比喻含德深厚的人通过不断提高自身的修养,保持婴儿般崭新的生命力。这使我们想起尼采《查拉图斯特拉如是说》中的精神三变:骆驼精神变而为狮子,再变成婴儿。老子和尼采在"复归于婴儿"的说法上,都有使生命再始更新的意思。"复归于婴儿",也就是十六章所说的"复命":"夫物芸芸,各复归其根,归根曰静,静曰复命,复命曰常,知常曰明。"这一段,一方面说我们从万物的蓬勃发展、纷纭活动中,探讨其自然的秩序、宇宙的法则;另一方面作为万物一分子的人的存在,在纷扰中透过静定的工夫,以储蓄生命的能量。所谓"归根",就是凝聚内在的生命力;所谓"复命",就是保持生命开端的那种活力。"复命"的"复",是周而复始、更新再始,这个规律称之为"常"。复始、更新中以见"常",可见"常"并非一种静止恒定的概念,而是在变化中不断达到平衡、和谐的状态。

宇宙在谐和有序地运转着,然而天地间却也有受到激扰而失序的时候,"飘风不终朝,骤雨不终日,天地尚不能久,而况于人乎?"在老子生活的时代,人类社会正处于权力风暴席卷之中,权欲的贪婪与恣肆,造成了人间祸患的根源。针对人间社会失和的状态,老子提出"无为"、"不争"、"柔弱"、"处厚"等原则,希冀能够消除社会动乱,促进人间的和睦相处。老子参照宇宙秩序以建立社会秩序,因循自然法则以保持人间和谐。因此他提出很多富于古代民主思想色彩的主张,如劝喻上位者放弃对子民的过多干预,让人民在较为自在、自由、自足的环境中生存发展("我无为而民自化,我好静而民自正,我无事而民自富,我无欲而民自朴");他认为意志和欲望是与生俱来的,将之导向正途则可造福人类,故而主张发挥创造意志,收敛占有冲动("生而弗有,为而弗恃,功成而弗居")。

老子直接谈论"人和"的文字虽然不多,却意味深长。《老子》十八章云:"六亲不和,有孝慈;国家昏乱,有忠臣。"七十九章云:"和大怨,必有馀怨,报怨以德,安可以为善。"前者论述"孝慈"、"忠臣"实际是不和谐的状态的产物,后者告诫统治者当以平和之政治世,权力的威压、刑律的杀戮、捐税的榨取,都会使民生诉怨,而这时候再行德政,已很难完全弥补已经造成的灾难了("和大怨,必有馀怨")。《老子》五十六章有言:"挫其锐,解其纷,和其光,同其尘,是谓玄同。"人际之间经过磨合消解,可以达成一种万物混同之境,这就是"玄同"。《庄子·天下》篇介绍老聃思想时,说他"常宽于物,不削于人","挫锐"、"解纷"是"不削于人","同尘"是"常宽于物",而"和光"以达"玄同"之境,正是创造开放心态,达到人与人的和谐共处。

道家的和谐观到了战国中期,无论是黄老学派或庄子学派,其内容都比老子更为丰富。黄老之学虽没有像庄子那样明确提出"天和"、"人和"、"心和"的概念,但黄老言"和"已触及这类内容。黄老的和谐观在"人和"方面的主张较为突出,他们强调"公"、"当"、"平衡"的观念,以作为实现社会和平的必要条件。"当"是黄老学派的重要概念,有适度之义,而"平衡"的概念最能说明黄老在"人和"运用上的特点,例如老庄都有批评礼法的倾向(老庄站在平民知识分子的立场上,对"礼不下庶人,刑不上大夫"的封建礼法进行了尖锐的批判),但黄老却援礼法以入道。黄老将法制导入以礼制为主轴的社会,又将情与理注入僵化的礼制文化中,使之具有活泼的生命力,所谓"礼者因人之情,缘物之理也"。礼法与情理的平衡,使之更能满足社会的需要。

黄老重人和也讲天和与心和,但不如庄子精辟,限于篇幅,我们略过黄老,重点探讨庄子的和谐观。

三

讨论庄子的和谐观，我们可以注意"天和"、"人和"、"心和"这几个不同的概念。由庄子思想的旨趣所决定，在诸种和谐中，他更强调个人内心之和，并把它与天和联系起来。以此庄子所谓"人和"较多地是为了"与世俗处"（《天下》）的需要，心和与天和才是他特别注意的方面，并且构成人和的基础。我们且从"天和"说起。

庄子继承老子就万物生成论以说"天和"，可是庄子谈"天和"更多的是就天人之境来讲的，我们先就前者做一介绍：

庄子认为气是万物的基本原质（《知北游》："通天下一气耳。"），它有阴阳之分，阴阳之气相互交通而形成新的和谐体（《田子方》："两者交通成和而物生焉。"）。《庄子·田子方》比老子更为细致地论述阴阳和合生物及其变化规律，这一观点为道家各派所共同持有。在《知北游》篇中庄子还说身是"天地之委形"，生是"天地之委和"，性命是"天地之委顺"，这里也还是认为个体生命是天地阴阳两气和谐结合的产物。个体性命源于天地，万物本是同体并生，则其生命活动也当与天地万物同波，所谓"天地与我并生，万物与我为一"（《齐物论》），人的存在当从宇宙的规模来把握它的意义。

在庄子看来，宇宙是万物之始、万物之生的母体，它既为个体生命所从出，也为个体生命所依归，个体生命是宇宙生命不可分割的一部分。在这种宇宙观的基础上，道家认为大自然是人类存在的母体，作为个体存在的人，也分享了作为母体存在的和谐性。

个体生命的诞生是从存在母体中分离出来的和谐体,它的生存与发展呈现出蓬勃与纷纭的情状,但回视到内在生命的根源处,这种根源的深层处呈现的是一种和谐的状态。换言之,道家的和谐观正是以广大的存在母体作为背景,而又以探讨个体内在生命的根源处作为依据;道家的"人和"是由宇宙秩序与个体心灵和谐引发出来的。以此,庄子的天和、人和、心和三者层层相因,导出其天地精神的人生意境以及天人合一的艺术境界。

(一)天和与人和

天人关系是庄子哲学中的一个重要内涵,天、人并举,天和与人和相提。《庄子·天道》篇说:"夫明白于天地之德者,此之谓大本大宗,与天和者也;所以均调天下,与人和者也。与人和者,谓之人乐;与天和者,谓之天乐。""与天和",究其义乃"与天合",是就天人合一而说的。这里说能够体会天地的功能与作用,就能掌握生命主轴("大本大宗"),主导事物变化(《德充符》:"命物之化而守其宗。")。这里说的"与人和",意即"与人合",指人与人之间和睦相处,社会安和,则天下均平协调。庄子将人际和谐之境称为"人乐",但他更注重达到"天乐"——与天合——的境界。他说,"知天乐者,其生也天行,其死也物化。静而与阴同德,动而与阳同波",这一段富于哲理的语言,表明了在庄子看来,宇宙是一个生生不息的大生命,个体生命的活动在其中与万化同流,活画出一个源于天地、又复归于天地的生命的形象。

(二)天乐之乐

《天道》篇还说"天乐"即以虚静之心"推天地、通万物",即由个体本我来体会宇宙大我的逍遥之境,并以"吾师乎"之言来赞美"覆载天地,刻雕众形,此之为天乐",认为道造化天地,雕刻众形,天地众形竞相争丽,各逞其能,形成了一个美妙的世界。众形之巧美不胜收,庄子遂发出无限之赞叹:"山林与!皋壤与!使我欣欣然而乐与!"(《知北游》)即是以审美的眼光来观照"天地大美"。

《庄子》外篇之《天地》、《天道》、《天运》三篇着重描写天地演化、自然的运作、万物的本然性和自然性,同时都对"天乐"做了哲理化和诗意化的描写。《天地》篇有一段文谓"金石有声,不考不鸣",而道的音乐则为无声之乐("听乎无声")。老子说,"大音希声",这无声之乐,是与万籁相调协的声乐,它在"无声之中"却散发出和谐之美("独闻和焉")。

道体冥冥,故而发出无声之乐,然而道所创生的天地万物却是"怒动而为有声"的。《齐物论》描绘的三籁正是宇宙间天地人交相发出的一个和谐的交响乐。大自然千差万别的音声谱写出天籁的乐章;人籁则是"比竹","比竹"便是箫管笙簧之属。《齐物论》的三籁中,庄子虚写天籁、人籁而实写地籁,地籁是风吹山陵大木,凹凸不平的窍穴发出高低不同的音声。庄子以"万窍怒号"来形容大地激发的自然音响,犹如一曲雄壮昂扬的交响曲。"泠风则小和,飘风则大和","厉风济而众窍为虚"——"风济"如休止符,"为虚"则动中趋静,呈现出万籁俱寂的景象。"而独不见之调调之刁刁乎",雄壮的交响曲虽已休止,却威势犹存,如美妙乐章的馀音袅袅。

《天运》谈天乐,如同《齐物论》的三籁,对于天地间变化无穷的自然乐章有着更具形象化的描绘。《天运》用寓言的方式,讲黄帝在广漠之野("洞庭之野")演奏《咸池》乐章,但它不是一般的宫廷之乐,乃是自然的声乐:

> 北门成问于黄帝曰:帝张《咸池》之乐于洞庭之野……帝曰:……吾奏之以人,徽之以天……调理四时,太和万物。四时迭起,万物循生;一盛一衰,文武伦经;一清一浊,阴阳调和,流光其声;蛰虫始作,吾惊之以雷霆。……所常无穷,而一不可待。
>
> 吾又奏之以阴阳之和,烛之以日月之明;其声能短能长,能柔能刚,变化齐一,不主故常;在谷满谷,在坑满坑,……其声挥绰,其名高明……流之于无止。
>
> 吾又奏之以无怠之声,调之以自然之命,故若混逐丛生,林乐而无形;布挥而不曳,幽昏而无声。动于无方……行流散徙,不主常声。

《天运》这里所描绘的"天乐",为一首大自然的三部曲乐章,分为三个主题进行演奏。第一部曲是以人事为主题,并依自然规律来演奏;第二部曲是以阴阳之和为主题,用"日月之明"来烛照而进行演奏;第三部曲是以"无怠之声"为主题,用奔流不已的音调来演奏。

第一部曲写至乐的"调理四时":春夏秋冬更迭而起,一切物类顺序而生,乐音强弱变化,表现"文武伦经"——自然界生杀盛衰的规律。自然的律吕,清浊扬抑,乐声流动,盈满于天地。乐曲以雷霆之声,蛰虫奋动形容新年来到,春雷一声响,万物复苏、萌生的情状。

　　第二部曲写至乐之声调和阴阳，与日月齐明。乐声的长短、刚柔，变化多端，但是变化中有规律，而且不限于固定的格式（"变化齐一，不主故常"），这乐声无所不在，山丘洼地随处飘扬（所谓"在谷满谷，在坑满坑"），声调悠扬，节奏明朗（"其声挥绰，其名高明"）。

　　第三部曲写乐曲的奔流不懈，并以自然的节奏来调和。其声调有如万物之混杂相逐，丛聚并生，如五音繁会、众乐齐奏，而难以分辨音声之所从出（"混逐丛生，林乐而无形"）；乐声振扬奔放，意境幽深而不可闻（"布挥而不曳，幽昏而无声"）；乐曲旋律的变化流行不定，不拘于老调（"行流散徙，不主常声"）。

　　这一大段"天乐"的描写的确极富诗意，其语言风格之芒芴恣肆与精神风貌之"四达并流"相适应，所谓"万物循生，流光其声"、"动于无方"、"流于无止"，乃是借着乐曲旋律的多端变化，用以形容万物奔腾活跃的动态；所谓"所常无穷"、"不主故常"，乃是借着乐风的散漫流行写出天地间万事万物的推陈出新。换言之，宇宙的大化流行有如一首壮丽的交响曲，此之为天乐。

　　"无言而心说，此之谓天乐"，即是对"天地有大美而不言"的赏悦。《大宗师》所论述的人与天合是从哲学境界以言天人合一，此处所言人与天和（《天道》："与天和者，谓之天乐。"）乃是从音乐美学的角度来观照天地之大美，这是一种艺术精神所达到的天人相和之境。

　　（三）天和与心和

　　"天和"作为一个名词来使用，见于《知北游》，而与《天道》、

《天运》有着不同的意义。《知北游》:"若正汝形,一汝视,天和将至;摄汝知,一汝度,神将来舍。德将为汝美,道将为汝居……如新生之犊。""天和将至"、"神将来舍"便是"心和"的表现(这里所说的天和,成疏"自然合理"恐不合原义,林希逸说"天和者元气也",较为恰切)。

正形一视,思虑专一,精神汇聚,自然的元气("天和")就会凝聚内心,生命就会散发出力与美——表现出如新生之犊的活泼的生命力与和谐之美。

《知北游》一段写心和以凝聚天和,《则阳》篇有一段则以人和与心和相提并举:"其于人也,乐物之通而保己焉;故或不言而饮人以和,与人并立而使人化。""乐物之通"是通向人和,而心灵的和谐是人和的依据,而人和是以心和为基础,所谓"饮人以和"乃是由心和而增进人和。

(四)心和之境

庄子整个哲学体系,如果我们用他提出的内圣外王之学作为中国人生哲学的特点,则内圣之学确是庄子的精华所在,心学是庄子内圣之学的核心,而心和则是庄子心学的结晶。"心斋"(《人间世》)、"以明"(《齐物论》)、"坐忘"(《大宗师》)是庄子心学的最高境界,也是心和最完满的描写。"以明"对立的另一端则是"蓬心"(《逍遥游》)、"成心"(《齐物论》),用现代术语来说,前者是形容开放心灵,后者意指封闭的心灵。封闭的心灵不仅如学鸠般的小知小见、井底之蛙的难以窥天,而且容易形成自我中心而导致武断排他的心态(《齐物论》:"以是其所非而非其所是。")。"以明"不仅是能多角度地观察事物("反复相明"),

而且代表着心灵的空灵明觉,实际上"以明"和"心斋"、"坐忘"一样,都是对于心灵修养、修炼所达到的最高境界的描写,只是"以明"是从认识论的角度出发,"心斋"是从修养论的角度出发,而"坐忘"是从人生境界的角度出发而已。

以此可见,从精神境界的提升来看,三和之中,以"心和"最为重要。

四

庄子之三和,实乃宽大心胸(comprehensive mind)所产生的"广大的和谐",诚如方师东美先生在《中国人生哲学》一书中所说的,中国人文精神观照宇宙,乃觉宇宙盎然有生意,"人类生命和宇宙生命相互贯通融合","人与自然在精神上同享生命无穷的喜悦与美妙"。

统观庄子的和谐观,还有两个饶有意趣的特点,其一是和谐之美,其二是和谐中存差异,兹分别简说如下:

(一)和谐之美

庄子将和谐赋予审美的内涵,"心斋"的集气或艺术创作时的"齐以静心"(见《达生》篇"梓庆削木为鐻"的故事),乃是一种高度的艺术心灵涵养所达致的艺术境界。"心和"的境界庄子称之为"灵府",这种心境观照外物时,觉得宇宙蕴含着无限之美,触目所见皆春色;回顾自身时,觉心灵甜美自得,充满怡悦之情(《德充符》:"……灵府,使之和豫通而不失于兑,……而与物为春。")。庄子的"心和"是一种艺术的心境,也是一种审美的境界,这种心境与境界庄子称之为"游心"。《德充符》云"游心乎德之和"，即是心灵游放于人生和谐之美的境界。"游"是审美的心理活动，庄子说得好："得至美而游乎至乐"（《田子方》）。诚然，宇宙涵藏着无尽之美，如果一个人的艺术精神浸润于心灵深处，则聘目于这多彩世界之时，就会如苏东坡所说的"无所往而不乐"（《超然台记》）。

（二）和谐中存差异

赫拉克利特曾说："美在于和谐，和谐在于对立的统一。"这在庄子，有着更为生动而深刻的表述。我们常说求同存异，在哲学领域里这涉及到共相与殊相的问题，《庄子·则阳》说"万物殊理，道者为公"，道为大全属共相，万物之个体生命属殊相，共相与殊相密不可分，万有涵摄于道，道因万物各逞其能而展现其异彩，这哲理落实到社会层面则为重视社会价值的多元化，落实到政治层面则为尊重个体的尊严和殊异才能。庄子"齐物"的精神就是平等对待各物，肯定每个存在体都有它各自的特殊内容和意义。"十日并出"，"万窍怒号"（《齐物论》），便是形象化地描绘开放社会中开放心灵的景象。

东西两大哲学家庄子和尼采在打破自我中心的论题上可谓互放异彩。今天的世界已不再是"天无二日"的时代，西方中心论的衰落，世界已呈现多元价值体系的格局。"十日并出"、"吹万不同"（《齐物论》），我们愿与世人共赏庄子这多彩多样的和谐观。

（本文为 1996 年参加韩国《东亚日报》举办"东洋思想与社会发展"国际学术会议而作，后刊于《道家文化研究》第十五辑，北京三联书店，1999 年 3 月。）

先秦道家之礼观

前　言

礼是先秦诸子最重要的议题之一。它不仅是今人指称为仪礼的部分，更广泛地概括了当时宗法封建社会的典章制度与道德规范[①]。本文所关注的是制度背后所蕴涵的思想观念和价值体系。

春秋战国之交，礼崩乐坏，诸子百家蜂起并出，纷纷针对时弊提出救世之方，"礼"的议题就成了诸子百家最主要的时代课题。后代学者都以儒道两家代表对周代礼制文化正反两极的立场，笔者个人也曾抱持如此看法。但若对这问题加以进一步的思索，就会发现仅

[①]　先秦典籍论及"礼"颇多，如谓：（1）《礼记·仲尼燕居》："制度在礼。"见孙希旦《礼记集解》，台北文史哲出版社，1988 年，页 1165。（2）《左传》隐公十一年："礼，经国家，定社稷，序民人。"见杨伯峻《春秋左传注》，台北源流出版社，1982 年，页 77。（3）《礼记·曲礼》："礼不下庶人。"同（1）页 74。（4）《荀子·礼论》："礼者……贵贱有等，长幼有差，贫富轻重皆有称者也。"见梁启雄《荀子简释》，台湾商务印书馆，1967 年，页 176。本文凡引《礼记》、《左传》、《荀子》，出版资料均与上同，不再另行注明。

从肯定与否定两个对极的观点去看儒道的文化观,是过于简单化且失之笼统。先秦道家就有老、庄及黄老三大派别,庄子学派对儒家的礼观,确实有较鲜明的对立,但与孔子同时代的老子则非如此对立,至于战国黄老,它的融合性格则十分明显。总之,道家在不同时期有不同的发展,主"时变"乃是道家的一大特长[①],因此先秦道家各派对于礼制问题的思考,并非一成不变,由老子、庄子至稷下黄老,形成了一条逐渐开阔的线索。本文将就老子、庄子与稷下道家有关礼的概念进行探讨。

一、老子之礼观

作为史官的老子,通晓礼,是史官的专职。孔子问礼于老子,不仅《史记》有明确记载,先秦典籍中亦多所记载[②],《礼记·曾子问》的记述尤为具体,《曾子问》中有四处清楚地记载了孔子向老聃请教如何处理丧礼的内容[③]。《老子》书言及礼有两章,即通行本三十一章及三十八章。《曾子问》记载孔子向老聃请教有关礼的仪节问题,但从《老子》书上看来,老子[④]所关心并不是仪节,而

---

① 司马谈《论六家要指》一再肯定道家主"时变"的特点,例如赞扬道家"与时迁移,应物变化"、"因时为业"、"时变是守"。见司马迁《史记》卷130《太史公自序》,台北洪氏出版社,1974年,页3289、3292。

② 《庄子》书中《天地》、《天道》、《天运》、《田子方》、《知北游》等篇,记述孔子与老子谈论仁、义、礼及至道等问题;《吕氏春秋·当染》谓"孔子学于老聃"。本文凡引用《庄子》皆据郭庆藩《庄子集释》,台北华正书局,1991年;上引《吕氏春秋》则见陈奇猷《吕氏春秋校释》,台北华正书局,1991年,页96。

③ 分见孙希旦《礼记集解》,页477、496、497、499。

④ 《老子》一书为老子(老聃)所自著,个人同意司马迁《史记》老子本传中的这一观点,我们可以从先秦典籍中得到印证,如《庄子》、《荀子》及《吕氏春秋》等。拙著《老子今注今译及其评介》(台湾商务印书馆,1997年)二次修订版序文中亦提到这个问题;以下凡引《老子》,除另行说明外皆据此本。

是作为政治秩序的礼。

《老子》谈到礼的地方并不多,却有其特殊的哲学意涵,并反映着深刻的时代意义。《老子》三十一章中提到丧礼,但所谈的并不是丧礼的仪节,而是借丧礼表达对战争为人类带来惨烈灾难时流露内心戒惧审慎的哀戚心情①。《老子》另外在三十八章谈到礼,是将它和仁义与道德并举列论。前者借礼表现了老子对时代悲剧的悲悯之情及深厚的人道关怀;后者论礼,则表达了老子试图贯通形上之道与形下之礼义,以求其无为而治的治道理想正常运作于现实社会中。

由于三十八章将仁义并举而论礼,论者又常以老子的仁义观来看待他的礼观②,因而老子有关仁义或仁义礼并提的言论,就特别地受到人们的关注。而仁义有时被涵蕴在礼的范畴内,两者有密切的联系,所以我们讨论老子的礼观,不免要概括他的仁义观。

(一)《老子》的仁义观

从通行本《老子》来看,老子对"仁"的观念显得相当矛盾:一方面它主张"与善仁"(第八章)——强调人与人间的相互交接要重视"仁";另一方面却又出现"绝仁弃义"(十九章)的说词。这一矛盾向来困惑着老学的学者,一直到最近湖北郭店战国楚墓竹简《老子》的问世,才使得我们恍然开朗,原来通行本"绝仁弃义,

---

① 　《老子》三十一章:"杀人之众,以哀悲泣之。战胜,以丧礼处之。"见拙著《老子今注今译及其评介》,页173。

② 　一般学者常根据通行本《老子》"绝仁弃义"的言辞而推断老子反礼。这种粗浅的看法,由于新近湖北郭店竹简《老子》的出土,更有重新认识的必要。

民复孝慈"，郭店简本却是"绝伪弃诈，民复孝慈"。

郭店简文《老子》摘抄本[1]，虽然章次不同，但内容基本一致。由于简本《老子》出土年代比马王堆《老子》早出一百年，这一当今世界最早的古本《老子》无疑较接近祖本的原貌。因此，他的每一个字句，无论和今本相同或相异，都引起研究者的关注，特别是后者，而简文中"绝伪弃诈"被后人妄改为"绝仁弃义"尤引人瞩目。

长期以来"绝仁弃义"之说，扭曲了《老子》"与善仁"的主张，以致使老学失去了广大的伦理空间[2]。如今郭店这批珍贵文献的出土，为老学开拓了宽阔的伦理空间，使我们有必要以正面的态度，来重新思考老子的礼观及其仁义的观点。

《老子》另一章对仁义的观点，也因被后人增添不当的文句而误导了原意，通行本十八章"大道废，有仁义；智慧出，有大伪；六亲不和，有孝慈；国家昏乱，有忠臣"，对照郭店简本，才得知通行本衍出了"智慧出，有大伪"句。衍出的文句，使得学者们在解读时容易错误地把"大伪"和"仁义"对等的看待，从而引出老子对仁义采取贬抑的解释。事实上，我们从后半文来考察，所谓

---

① 郭店《老子》摘抄本，由于抄写在长短和形制不同的三种竹简上，整理者将它们分成甲、乙、丙三组。我们认为甲组抄写的传本比丙组要古早，而丙组的传本要早于马王堆帛书本，请参看拙文《从郭店简本看〈老子〉尚仁及守中思想》，刊在陈鼓应主编《道家文化研究》第 17 辑，三联书店，1997 年，页 64-80。

② 通行本十九章"绝圣弃智，民利百倍"、"绝仁弃义，民复孝慈"；郭店简文则是"绝智弃辩，民利百倍"、"绝伪弃诈，民复孝慈"。"绝圣弃智"见于《庄子》书上的《胠箧》和《在宥》篇中，《胠箧》并出现"攘弃仁义"之词，因此我们认为郭店简文"绝智弃辩"、"绝伪弃诈"被改成"绝圣弃智"、"绝仁弃义"，或许跟庄子后学《胠箧》一派思想有关。

"六亲不和有孝慈,国家昏乱有忠臣",这是说在家庭不和、国家失序的状况下,"孝慈"和"忠臣"实难能可贵。如果我们删除后人妄添的"智慧出,有大伪"这一句话,从整章的结构来看,可以看出"大道"是寄寓了老子理想中最完美的状况,在一个大道流行的自然状态中,仁义本就蕴含在大道里,正如孝慈蕴含在六亲和睦、忠臣蕴含在国家安泰的情境中,但如果这个和谐的状态发生变化,以致六亲不和、国家昏乱,那么孝慈和忠臣反显得特出而难能可贵了。而所谓"大道废,有仁义",它正面的意思是在原本的状态中,仁是以一种和谐方式自然地融合在大道之中,如鱼之"相忘于江湖"①,因此无须将仁义、孝慈的伦理关系予以外化而特别加以彰显。反之,只有在理想状态失衡、社会秩序丧失了它维系伦理的功能,以致六亲失和的状态下,孝慈和仁义等德性才会如雪中送炭般显得特别珍贵。总之,自郭店本来看十八、十九章,老子不仅没有排斥仁义、孝慈的意思,反而是对仁义、孝慈在社会化的人际关系中采取肯定的态度。

(二)仁义礼与道德的因依相生关系

老子的形上之道向下落实到社会现实的分化过程中,有着层次之分,而这层次之分主要在于现象的陈述,其中似乎也蕴含着价值的层序。但一般学者在讨论道的分化层次时,对道德与仁义礼之间的关系,却过分地夸张了《老子》价值上肯定前者和否定后者的两极观点,而忽略了它们整体的连锁关系。通行本三十八

---

① 《老子》十八章王弼注云:"若六亲自和、国家自治,则孝慈、忠臣不知其所在矣。鱼相忘于江湖之道,则相濡之德生也。"见中华书局《四部备要》本,页10。"相忘于江湖",语出《庄子·大宗师》,见郭庆藩《庄子集释》,页242。

章也是引起广泛误读的一章。

在老子的哲学体系中，以"德"贯通形上及形下，使之成为不可分割的整体。形上之道如何与人间发生关连，"德"便成了形上之道向人文化发展的重要桥梁，而"道"与"德"的人文化，仁义礼便成了维系人际关系不可或缺的伦理功能。三十八章之所以被后人举为德经之首章，实含有视老学为经世之学的立意。

三十八章有两层重要的意义，一是在于描绘道家行仁为义要合乎人性之自然，如"鸟行而无彰"[①]，不必大事喧哗，如"击鼓而求亡子"[②]，其次是作为世界本原的"道"蕴含着一切生机，"仁"、"义"、"礼"皆共同地根源于孕育它们的母体"道"之中，意即道德与仁义礼之间具有一种连锁的关系。一旦根源的母体发生失离的情况，就会产生环环相扣的连锁反应，此即所谓"失道而后失德，失德而后失仁，失仁而后失义，失义而后失礼"[③]。

大道是老子理想中最完美的状态，在这最美好的情况中，仁、义、礼都蕴涵于大道之中，如"明珠在蚌中"[④]，但在道落实于现实的过程中必然呈现出一种层次之分，即所谓"道—德—仁—义—礼"，这过程意味着"道"的人文化透过"德"内化到每一个个体事物中，成为每一个个体的本质、特性，"德"进一步社会化就系之

---

① 引自《庄子·天地》，见郭庆藩《庄子集释》，页421。
② 引自《庄子·天道》，见郭庆藩《庄子集释》，页479。
③ 引自《韩非子·解老》，见陈奇猷《韩非子集释》，台北汉京文化公司，1983年，页331；本文凡引《韩非子》皆据此本。案，王弼本、河上本均脱四"失"字，作"失道而后德，失德而后仁，失仁而后义，失义而后礼"，两相对比，《解老》文义较为完足。
④ 引自《老子》第一章河上公注文。见《老子河上公注》，页2，《老子四种》，台北大安出版社，1999年。

于仁义礼,以此在人间社会中,仁义礼的人伦作用就显得非常重要了。

《老子》的道德与仁、义、礼的关系,如果依据《韩非子·解老》的文本,那么就可从正反两面来进行诠释,而不至于像一般依据通行本作单向负面意义解释。韩非在《解老》中,对道、德、仁、义、礼五者关系,有着这样全面的理解:

> 道有积而德有功,德者道之功。功有实而实有光,仁者德之光。光有泽而泽有事,义者仁之事也。事有礼而礼有文,礼者义之文也。故曰:"失道而后失德,失德而后失仁,失仁而后失义,失义而后失礼。"

这里是说道为德之本,德为仁之本,仁为义之本,义为礼之本。本失则相随以失,五者为相因相依的关系。我们将通行本《老子》(包括帛书本)和《韩非子·解老》所依据的文本相对照,通行本缺四个"失"字,在解释上就出现了明显的差异,前者使道、德、仁、义五者成了价值等级的排列,而且是褒前贬后的层层对比的价值序级。但依《韩非子·解老》的文本,则着重在说明道、德、仁、义、礼彼此间不可缺失的因依相生关系。

(三)礼的忠信内涵

老子道德的理想落实到人际关系中,仁义礼成为重要的纽带。这三者,一般多视仁义为内在规范,礼为外在规范,这看法可溯源于王弼,王弼以礼为"外饰"的解释①,不如《韩非·解老》周

---

① 王弼以为"仁义发于内",而以礼为"外饰",见《老子》第三十八章王弼注,中华书局《四部备要》本,页11。

全。韩非认为礼的外饰是为了表达内心的实情——"礼者，外饰之所以谕内也"①。在礼的外饰与谕内的层次中，更重视的是在于表达内心的实情（即所谓"谕内"）。这种解释较合《老子》的原义。韩非又精辟地解说："礼以貌情"②、"为礼者，事通人之朴心者也"③，这都是对《老子》文本比较深切的解释。

礼有情质与貌饰之分，《老子》三十八章所谓"去彼取此"，老子的取舍态度是非常分明的，他肯定礼之"厚"、"实"的内在情质，而扬弃"薄"、"华"的外在貌饰。

礼的情质往往需要透过一定的仪节文饰加以具现，由是而形成外在的规范。外在规范的演化，难以避免地造成繁琐化，礼的繁琐化则易流于失真，并且容易反转过来形成牵制人心的工具，这就是《老子》三十八章所指出的"攘臂而扔之"的情况。

在老子想法中，在最好的状态，仁义礼都蕴涵在大道中，不用特意去标举，也不用将道德行为外化出来。老子之所以正言若反地发话，乃基于人伦道德之日渐沦丧，"攘臂而扔之"在老子时代已是相当普遍的现象，这种现象反映的是在那礼崩乐坏的年代，礼失去了内在的情质，外化不仅流为形式，而且华而不实地相率以伪，同时演为强民就范的工具，三十八章所谓"夫礼者，忠信之薄，而乱之首"并非对礼的否定，而是对那时代的动乱发出沉痛的呼唤，反映在周文凋敝的历史背景下，如何来重建社会人伦，这是对一个时代的重大课题进行的深刻反省。

---

① 见陈奇猷《韩非子集释》，页335。
② 见陈奇猷《韩非子集释》，页335。"貌情"即表达情，"貌"是体现、表达的意思。
③ 见陈奇猷《韩非子集释》，页331。

老子不仅对周文凋敝的时代大课题加以深刻的反省,并提出建立一个礼的实际内质,那就是强调礼的忠信内涵,认为如果忠信不足,那就要导致社会的祸乱。这样,将原本作为制度的礼,转化为以价值为依归的道德范畴。

总之,老子之礼观有着两方面重大的影响:一方面老子突出"忠信"德性为礼的重要内涵,与同时代的孔子同步地深化了礼向道德范畴的转化,在中国伦理学史上具有开创之功[①];另一方面则是在对礼的人文转化过程中,老子非常重视礼的内在情质,这一点特别为庄子所大事发挥。

二、庄子之礼观

前文论及老子并不反礼,他所反对的乃是礼在外化的过程中演变成强民就范的工具。老子不但不反对礼,反而更将礼的内涵加以深化,赋予礼以形上学的基础,同时导引礼朝向人文化的方向发展,并以忠信充实礼的内涵。虽然如此,但"礼"和"道"毕竟属于不同的层次,也各有着不同的精神内涵。

道家崇道,儒家隆礼,这是两家的主要分野所在。老子虽肯定礼的情质,但就礼和道而言,二者在基本精神上毕竟有着显要

---

① 礼的内涵有这样一个转化的过程:礼原本源于神的祭祀,许慎《说文解字》认为:"礼,履也,所以事神致福也。"殷周之际由"事神致福"的礼,经过春秋时代逐渐地人文化,礼由事神祭祖而形成为以人为中心的思想,这在老、孔的言论中均有明显的呈现。在孔子的观念中,虽已见到将礼朝向人文化转变的趋向,但在对祭祀所表现的态度上,仍留有些许宗教观念的残馀,如曰"祭神如神在"、"敬鬼神而远之"。而老子则将礼完全给予人文的转化。本条注释所引,见段玉裁注本《说文解字》,台北黎明文化公司,1988 年,页 2;引《论语》分见《八佾》与《雍也》,朱子《四书章句集注》本,台北长安出版社,1990 年,页 64、89。

的不同。礼的作用主要在于序上下、别贵贱,表现出重视"分"与"异"的基本精神;而道所体现的则是整全。作为万物本源的道,是创造一切生机的母体,庄子不仅赋予道生生不息的宇宙生命,同时也赋予它以自由性及无限性的特点。《大宗师》"坐忘"一节所说的"同于大通"、"化则无常"①,点出了道的大化流行及其大通之境。同时再由其齐物观来看,礼和道的分别就更加明显。

道家之道必须落实到人间社会,而庄子之道的人间性则更进一步落实到人心,由对人心、人性、人情的发扬来体现一种不为形迹所拘的生活态度。庄子之礼观在这一点上与儒家礼制重视"别"之精神所导致异化、外化的情况适成鲜明的对比。

(一)内篇的礼观:安然自适之忘境

1."礼意"——真情实感之流露

《庄子·大宗师》有两则寓言,表达了庄周式的特殊礼观。

《大宗师》的一则寓言,借子桑户的丧礼表达庄子以性情之真来作为礼之真实内涵所反映的哲学意境。

这寓言写子桑户逝世,孔子听到死讯,叫子贡去助理丧事。子贡看见死者的两位莫逆之交编唱挽曲的景象:

> 或编曲,或鼓琴,相和而歌曰:"嗟来桑户乎! 嗟来桑户乎! 而已反其真,而我犹为人猗!"子贡趋而进曰:"敢问临尸而歌,礼乎?"二人相视而笑曰:"是恶知礼意!"②

这情景及其对话透露了儒道两家对待礼仪的不同态度。在庄子

---

① 郭庆藩《庄子集释》,页 284—285。
② 郭庆藩《庄子集释》,页 266—267。

眼中,儒家讲究的是一种外化的仪节,而道家所着意的是礼的内质以及人的真情之流露。庄子更借着孔子之口说:"彼,游方之外者也,而丘,游方之内者也。"①这是说道家超脱礼教之外,儒家则受礼教束缚。

为什么庄子式的道家要"游方之外"?人间社会有许多条条框框,而且有过多的条条框框,礼仪规范有时可以起人文教化的作用,有时则成桎梏人心的樊篱,而儒家所营造的观念囚牢导致狭隘的人生观,尤为庄子所不取。

"而(尔)已反其真",庄子借"反真"之说以展示他那独特的生死观:在庄子的观念里,死亡在本质上所代表的意义在于"返真"——回归宇宙之真际。庄子把生命看成是气的凝结以至于消散的一个过程,世间存在的万象乃是"假于异物,托于同体"②,整个宇宙是一气之大化流行于不同侧面所显现的总集合。现象万物中的一切存在都是气之聚散流行所表现的一个过程。可知庄子对丧礼的看法其实奠基于他的人生观,同时他的人生观又是纳入其气化论的宇宙观来加以考察,进而庄子提出"游乎天地之一气"③、"安排而去化"④的生命态度。

"化"是庄子宇宙观一个基本概念,"游"是庄子人生观的一个至高意境的写照。在庄子看来,宇宙是个生生不息的大生命,人从宇宙大生命中偶生,而终究要回归到这存在的母体里,因而

①　郭庆藩《庄子集释》,页 267。
②　郭庆藩《庄子集释》,页 268。
③　郭庆藩《庄子集释》,页 268。
④　郭庆藩《庄子集释》,页 275,"安排而去化"意即安于自然的安排而随行变化。

视生死为大化流行所展现的过程。人在面对无可避免的死亡,当培养一种"安时而处顺"①、"安排而去化"的态度。不仅如此,在庄子的思想里,还要进一步培养达生乐死的心怀。于此,他提出了极富哲理性的名言:"善吾生者,乃所以善吾死也。"②如何以我生为乐事(即所谓"善吾生"),这是庄子哲学之第一要事。

"游"则是庄子人生哲学最独特而最具有代表性的观念。所谓"游"乃是个体生命自得自适的意境;"游"不仅是主体精神在困顿中获致自由的展现,也是主体心灵在观照万物中含蕴美感情怀的流露。在张扬个体生命自得自适的前提下,不仅面对丧礼,举凡一切礼仪规范,如果异化到乖违人情、背逆人性的地步,都为庄子所扬弃。

庄子在《大宗师》里借前引子桑户丧礼的寓言反问儒家:"是恶知礼意!"这是一段十分重要的对话。在这段对话里,一方面透露出庄子并不真正反对礼的本身,他着意的是礼的真实的内涵——"礼意"。另方面表现出庄子不满于对儒家"愦愦然为世俗之礼,以观众人之耳目"③,这现象积弊已深,因此成为庄子学派抨击的重点。

2. "忘礼乐"——安然自适的意境

《大宗师》肯定礼的真意,见朋友安息而歌其返真,编曲鼓琴,相和挽歌,其实正流露了吊丧者内心的真情实感④。如果说

① 郭庆藩《庄子集释》,页260;另见《养生主》,郭庆藩《庄子集释》,页128。
② "善吾生者,乃所以善吾死也"两见于《庄子·大宗师》,见郭庆藩《庄子集释》,页242、262。
③ 郭庆藩《庄子集释》,页268。
④ "真情实感"是冯友兰用来形容孔子之仁的主要基础,见氏著《中国哲学史新编》,人民出版社,1982年,页129-135。

子桑户的寓言在于表达庄子把握礼的真实内涵而流露行礼者的真情实感，那么《大宗师》的另外一则寓言——颜回"坐忘"，则显示了庄子表达行礼作乐时内心达于安然自适的意境。

"颜回坐忘"的寓言，在于叙述颜回修养身心的阶段透过"忘礼乐"、"忘仁义"、"离形去知"的过程，最后至于"同于大通"①，这是描述个体生命通向宇宙生命而与之相融合一的精神境界。"忘"是一种自适自得的境界，所谓"忘礼乐"即是行礼作乐达于安适之至的境界，所谓"忘仁义"即是实行仁义达于自得自在安适之至的境界。

"坐忘"一节，所谓"忘礼乐"、"忘仁义"，以往我们的解释都将"忘"依字面释为"忘掉"，实际上，"忘"乃是一种安适心境的描述，这在《达生》篇有着很好的解释："忘足，履之适也，忘要（腰），带之适也，忘是非，心之适也。"②《达生》这里谈到心灵之安适（"心之适"）和处境之安适（"事会之适"），进而说到一个人要是本性常适而无往不安适，便达到"忘适之适"的境界③。因此，"忘礼乐"、"忘仁义"其深层意义则是意谓行礼作乐、行仁为义之安然投入而达于适然忘境。这种适然忘境的论述在《庄子》外篇有所延续④，例如《天运》篇有一则言及仁孝行为达于忘境的记述。

① 郭庆藩《庄子集释》，页282-284。
② 郭庆藩《庄子集释》，页662："忘要"之"要"作"腰"解，今本于"忘是非"之上多一"知"字是为衍文，参见拙著《庄子今注今译》，中华书局，1983年，页493。
③ 郭庆藩《庄子集释》，页662。
④ 世传《庄子》本，分为内、外、杂三十三篇，为庄子学派文集之总汇。传统上，学者多以为内七篇为代表庄周本人的思想，而外、杂篇多属庄子后学的作品。但个人以为，在外、杂篇中也有若干段落成书较早，有可能是庄子本人不完整的手稿，或其弟子亲闻庄周口述的笔记。

《天运》篇记述商太宰问仁于庄子,庄子说"至仁无亲";问及"孝",庄子回说:"以敬孝易,以爱孝难;以爱孝易,以忘亲难;忘亲易,使亲忘我难;使亲忘我易,兼忘天下难。"①这段话就是说:用敬来行孝容易,用爱来行孝难;用爱来行孝容易,使父母安适则难;使父母安适容易,让父母不牵挂我难;让父母不牵挂我容易,使天下安适难。这种行止忘境的描述,亦见于《山木》篇。

《山木》篇描述有个理想国,名为"建德之国",那里的人民真诚而朴质,"知作而不知藏,与而不求其报;不知义之所适,不知礼之所将;猖狂妄行,乃蹈大方"②。这则寓言说那国度里的人民,活着时以"其生可乐",从心所欲,适意而行。所谓"不知义之所适,不知礼之所将",这也就是形容人们举手投足皆合于礼义之意。

(二)外、杂篇之礼观:任其性命之情

前文介绍《大宗师》子桑户丧礼一节,表述道家人物有自己独特的生死观,不屑于"愦愦然为世俗之礼",这观点在外、杂篇有尽情的发挥,《渔父》篇强调"贵真"说,尤与《大宗师》相合。《渔父》云:

> 真者,精诚之至也。不精不诚,不能动人。故强哭者虽悲不哀,强怒者虽严不威,强亲者虽笑不和。真悲无声而哀,真怒未发而威,真亲未笑而和。真在内者,神动于外,是所以贵真也。③

事亲以适为主，功成之美，无一其迹也。事亲之适，不论所以矣；饮酒之乐，不选其具也；处丧以哀，无问其礼矣。礼者，世俗之所为也；真者，所以受于天也，自然不可易也。故圣人法天贵真，不拘于俗。①

《渔父》这两段话明白易晓而文意丰美，其要点则在表达庄子学派与儒者对礼的不同态度——"拘于俗"与"贵真"诚然是儒道两家对礼的两种迥然不同的态度。

《渔父》指出儒家"不知贵真，禄禄（碌碌）而受变于俗"②。这类批评贯穿整个庄子学派，而以外篇《骈拇》、《胠箧》和杂篇《盗跖》最为激烈。

一般学者提到庄子的礼观，多以偏概全，根据外杂篇少数篇章摘取最激烈的言辞，从而跳跃性的概括整个庄子学派的观点，并得出庄子学派对仁义礼乐悉取否定的立场。事实上，我们一方面常忽略庄子及其后学对仁、义、礼的正面肯定，另一方面也忽略了庄子后学即使在最激烈派的批评声中，实含有许多深刻而正面的意涵。

庄子后学对礼文发出不少强烈的批判，这反映了战国晚期礼崩乐坏的情况日愈严重，而部分儒者推行"世俗之礼"，外化而至异化的情况越来越突出，即连荀子也对儒家阵容中的"俗儒"、"贱儒"发出强烈的指责③，可见庄子后学的激烈言辞，并非无的

① 郭庆藩《庄子集释》，页1032。
② 郭庆藩《庄子集释》，页1032。
③ 荀子称举"大儒"、"雅儒"（《儒效》），但强烈批判现实社会出现的形形色色的儒者，称他们为"散儒"（《劝学》）、"腐儒"（《非相》）、"贱儒"、"俗儒"（《儒效》）。

放矢。反之,我们可以从其中看出多重意义。兹举要申说如下:

1. 反映了战国中晚期社会文化的一个显相

战国儒者维护礼制,固然可以产生稳定社会的作用,但其弊端也与时偕行。战国中晚期庄子学派所指陈的普见的文化现象有这几端:

(1)"礼相伪"

庄子后学曾多次为礼下界说,如谓礼是节度而繁多的[1];又如说,行为忠信、宽容仁爱而且合乎自然的节度,这就是礼[2]。这些是属于客观的叙说,但更多的是对"礼相伪"现象的指责[3]。如抨击儒者"缝衣浅带,矫言伪行"[4];好文饰,从事华辞,使民"离实学伪"[5]等,"这些批评主要是因着儒者提倡礼文过于注重仪节技巧,华而不实,由形式化而流于虚伪。

"礼相伪"的情况在战国时代已成为相当普遍的现象,这现象可谓历久不衰,这导致众所周知魏晋名士的放达,"触情而行","越名教而任自然"[6],成为一个时代心灵渴求去伪存真的响亮呼声。

(2)"明礼义而陋知人心"

儒家倡导礼义,对社会起着重大的教化作用,但将人的视听

---

① 《庄子·在宥》:"节而不可积者,礼也。"郭庆藩《庄子集释》,页398。
② 《庄子·缮性》:"信行容体而顺乎文,礼也。"郭庆藩《庄子集释》,页548。
③ 《庄子·知北游》,郭庆藩《庄子集释》,页731。
④ 《庄子·盗跖》,郭庆藩《庄子集释》,页996。
⑤ 《庄子·列御寇》,郭庆藩《庄子集释》,页1050。
⑥ 嵇康《释私论》,见《嵇中散集》,台湾商务印书馆,《四部丛刊》正编,1979年,页29-30。

言动都纳入礼的规范则失之泛化①,易演成箝制人心的"礼教"②,因而庄子后学一再抨击儒家道德"撄人之心"③、"潜然乃愤吾心"④,并一语中的地指出儒家"明乎礼义而陋知人心"⑤。

(3)"儒以诗书发冢"

《外物》篇有一则寓言"儒以诗书发冢"⑥,生动地描绘儒生口吟诗礼来进行掘墓盗珠。这则寓言极尽讥讽之能事,不过也反映了礼义道德成为工具化的各种形形色色的现象。

儒生诵诗礼以发冢,田恒则资仁义以窃齐。《胠箧》篇明快地揭露礼义法度被上层人士"盗积"、"盗守"的景象。"彼窃钩者诛,窃国者为诸侯,诸侯之门而仁义存焉。"⑦这话成千古名言,当今之世是在所谓"自由"、"法治"口号的文饰下,更文明地运用仁义道德、圣智礼法而为一己谋私、为一党图利;礼法之被工具化,如今更是触目可见。

2. 人性深刻的反省

《庄子》外杂篇行文风格明快直率,意蕴虽不如内篇之委婉深邃,但保存大量有关失其真性的礼向着与人性相违逆的工具化转变的记录。庄子后学在此一背景下考察礼制文化对人性异化

---

① 《论语·颜渊》:"克己复礼为仁……非礼勿视,非礼勿听,非礼勿言,非礼勿动。"参《四书章句集注》本,页132。
② "礼教"一词,首见于《庄子·徐无鬼》,郭庆藩《庄子集释》,页834。
③ 《庄子·在宥》,郭庆藩《庄子集释》,页373。
④ 《庄子·天运》,郭庆藩《庄子集释》,页523,"愤"字令本作"愤",盖形近而误,见郭庆藩《庄子集释》,页523;陈鼓应《庄子今注今译》,页384。
⑤ 《庄子·田子方》中"明乎礼义而陋知人心"凡两见,郭庆藩《庄子集释》,页704、705。
⑥ 郭庆藩《庄子集释》,页927。
⑦ 郭庆藩《庄子集释》,页350。

的状况,为我们提供了十分可贵的思想材料。

外篇《骈拇》、《马蹄》、《胠箧》及《在宥》四篇被当代学者视为思想风格相近的一组作品,以《骈拇》为代表,主旨在于阐扬人的道德行为当合于人性自然,顺乎人情之常。又从反面入手,指陈儒者"屈折礼乐,呴俞仁义"①,导致"擢德塞性"②、"残生伤性"③。

《马蹄》云:"澶漫为乐,摘僻为礼,而天下始分矣……性情不离,安用礼乐。"④在剧烈的言辞下,隐藏着对人性分离割裂的忧虑。

《骈拇》等四篇,一方面从负面揭示儒家伦理"使天下瘁瘁焉人苦其性"(《在宥》)⑤,同时并从正面提出人伦规范应如何合于人性之真、人情之常的主张。

改变本性去从属于仁义⑥,则势必将造成"残生损性"的后果⑦。为此,庄子后学提出了一则发人深省的话语:"意仁义其非人情乎!"⑧人伦道德当以人情为依归,确实是个饶富深义的提法,庄子后学遂由此提出"任性命之情"、"安性命之情"的呼吁⑨。

"仁义其非人情乎!"这呼声透露了庄子学派并非对仁义道

---

① 郭庆藩《庄子集释》,页 321。
② 郭庆藩《庄子集释》,页 314。
③ 郭庆藩《庄子集释》,页 323。
④ 郭庆藩《庄子集释》,页 336。
⑤ 郭庆藩《庄子集释》,页 364。
⑥ 《庄子·骈拇》:"夫属其性乎仁义者。"郭庆藩《庄子集释》,页 327。
⑦ 郭庆藩《庄子集释》,页 323。
⑧ "意仁义其非人情乎"一句两见于《庄子·骈拇》,郭庆藩《庄子集释》,页 317、319。
⑨ "任性命之情"见于《庄子·骈拇》,郭庆藩《庄子集释》,页 327;"安性命之情"则屡见于《在宥》、《天运》等篇,郭庆藩《庄子集释》,页 365-366、367、369、527。

德采取一概否定的态度,而是认为人伦道德当合于人情人性。

总之,礼制文化之失真,以至扭曲人性,是整个庄子学派所最为关注的一个时代课题。而《庄子》外、杂篇将礼文纳入人性论范畴来考察①,这在中国古代哲学史上有重大的贡献,这一课题值得深入探讨。

三、稷下道家之礼观

总结庄子后学对礼的态度约可分为三类:一是抒发个人的真情实感,《大宗师》"返真"的人生观发展到外、杂篇任情放性的"贵真"说,《骈拇》及《渔父》等篇可为其代表;二是安于所行,释然忘怀,由《大宗师》"坐忘"的心境到《天运》谈至仁、孝亲之行止臻于忘境,及《山木》描述"建国之德"人们举手投足自然适然地合于礼仪,这是道德行为最高境界的写照;三是落实到现实人间,肯定人伦道德社会作用的走向,而《天运》提出"礼义法度者应时而变"的主张为其代表②。这一思路,和战国中晚期日益蓬勃的黄老思潮有所交汇。

古代的礼制(包括刑制)有很严格的等级性,所谓"礼不下庶人,刑不上大夫",这话典型地反映出礼和刑鲜明的等级性。以此可见,强调"玄同"的老子和"齐物"的庄子,对于礼刑之作为统治工具的距离感是不难理解的。战国中晚期,礼制崩坏的同时,法制思潮却日渐

---

① 《庄子》内篇未曾出现"性"的概念,外篇首篇《骈拇》大谈"性"之后,外篇的"性"与内篇的"真"紧密结合,以"真"为人性论的关键概念,这是道家人性论的一大特点。请参看陈静《"真"与道家的人性思想》,刊于《道家文化研究》第 14 辑,三联书店,1998 年,页 78-88。

② 郭庆藩《庄子集释》,页 515。

兴起,甚至连庄子后学也出现"礼法"并提的观念。《庄子》中"礼法"并提出现两次,俱见于《天道》篇,除了说明"礼法数度……古人有之"[1],仍认为礼法是"治之末"[2]。我们先看看礼法概念出现的时代痕迹,再论稷下道家(或称稷下黄老)的援礼法入道。

(一)礼法相济

1. 法制思潮兴起——"去私就公"的精神

"礼法"并举,反映出战国中后期礼法兼治、刚柔相济的一个总趋向。但是这种礼法相容的思潮是从冲突至融合,经历了一段相当曲折的过程。

春秋之世,礼和法之间在实施上是相互冲突的。在古代,无论东西方,法律都有一个秘密时期,贵族垄断律法,不把条文公开化[3]。春秋时代,开明的法治者在各国相继颁布刑书,这引起礼治者强烈的不满。史书记载了两个著名的事例。一个是公元前536年事,郑国要铸刑书,将法条公开化,晋国的叔向就写信给子产,提出反对意见,认为如此会使老百姓直接依据法条,而对统治者产生不敬,人民也会起相争之心,各引刑律以作为己证[4],礼治派反对法的公开,是因为"惧民之有争心"。第二个例子是在公元前513年,晋国要铸刑鼎,把范宣子所著的刑书铸在鼎上,孔子听到这消息,认为如果老百姓能够察鼎以知刑来为自己辩护,那

---

① 郭庆藩《庄子集释》,页473。
② 郭庆藩《庄子集释》,页468。
③ 参看丘汉平《先秦法律思想》,台北三民书局,1965年,页61。
④ 《左传》昭公六年:"民知有辟,则不忌于上。并有争心,以征于书。"杨伯峻《春秋左传注》,页1275。

对于贵族就不会依顺听从,那么贵族地位就受到挑战。孔子十分担心"民在鼎矣,何以尊贵?贵何业之守?贵贱无序,何以为国?"①孔子站在贵族立场来维护礼制的心情溢于言表。

法的公开化,到公平化,是有一个相当艰苦的历程。从春秋之世,对法公开化的要求下各国颁刑书、铸刑鼎,到战国之世,对法的公平化原则下要求"刑无等级"②、"法不阿贵"③,这可以说在中国法制上两次划时代的义举。"法不阿贵"的义举,其历史条件是政治经济发展的趋势使然④,而其思想的推动力则是"去私就公"的精神,这精神是道、法两家相互激荡下而成的。"公"的观念在诸子中首见于老子⑤,其后黄老派大事发扬,如成书于战国早中期的马王堆帛书《黄帝四经》⑥,一再强调"精公无私"⑦、"唯公无私"⑧、"去私而立公"⑨。道家各派莫不尚"公"⑩,

---

① 《左传》昭公二十九年条下,杨伯峻《春秋左传注》,页1504。

② 《商君书·赏刑》,见贺凌虚《商君书今注今译》,台湾商务印书馆,1988年,页135。

③ 《韩非子·有度》,陈奇猷《韩非子集释》,页88。

④ 参看王晓波《中国古代的变局与韩非》,《韩非思想的历史研究》,联经出版公司,1983年,页22。

⑤ 《老子》第十六章:"知常容,容乃公,公乃全。"《老子今注今译及其评介》,页111。

⑥ 请参看拙文《关于帛书成书年代等问题研究》,收在拙著《黄帝四经今注今译》,台湾商务印书馆,1995年,页29-45;下文凡引《黄帝四经》皆据此本。

⑦ 《经法·君正》,见《黄帝四经今注今译》,页123。

⑧ 《经法·名理》,见《黄帝四经今注今译》,页245。

⑨ "去私而立公"两见于《经法》之《道法》与《四度》,见《黄帝四经今注今译》,页74、169。

⑩ 黄老道家之尚公,帛书《黄帝四经》之外,其他如《内业》"一言定而天下听,公之谓也",见戴望校正本《管子》第2册,台湾商务印书馆,1965年,页101;《慎子》"法制礼籍,所以立公义也,凡立公,所以弃私也",台湾商务印书馆,《四部丛刊》正编,1978年,页2;《鹖冠子·道端》"废私立公"、《度万》"法者使去私就公",台湾商务印书馆,《四部丛刊》正编,1978年,页13、20。

老子的"道",本蕴含着"公"的客观精神,黄老援法入道,乃将道之为公转成法之为公提供了哲学理论的基础①。

2."道生法"

战国之世,在礼制为主导的社会中,法的作用日益显著。如果说法家是时代的开拓者,那么黄老之学在突出法治的重要性上无疑地起着推波助澜的作用。《史记》说,"申子之学,本于黄老",并说"韩非……归本于黄老"②,这主要是以礼法为治这一方面来说的。我们从稷下道家彭蒙所提出的"圣法之治"和帛书《黄帝四经·经法》"道生法"的主张,可见其端倪。

《尹文子》记载田骈和宋钘在读书,讨论到政局太平和"圣人之治"的关系,在旁的彭蒙指出政局太平并非出于"圣人之治",而是由于"圣法之治"。彭蒙并比较两者的不同:

> 圣人者,自己出也;圣法者,自理出也。理出于己,己非理也;己能出理,理非己也。故圣人之治,独治者也;圣法之治,则无不治矣。③

这是稷下道家讨论法治与人治区别的一段非常可贵的思想史料。人治的弊害就是法治兴起的重要原因。人治主义不仅有"人存政举,人亡政息"④的忧虑,即使在人存政举时也易流于专断的弊端。彭蒙精辟地指出圣人之治容易演变成"独治"的缺失,并指

---

① 《庄子》也有以道为公的话,如《则阳》说"道者为之公",郭庆藩《庄子集释》,页913。
② 《史记·老庄申韩列传》,页2146。
③ 见《尹文子》,台湾商务印书馆,《四部丛刊》正编,1979年,页8。
④ 语出《中庸》"其人存则政举,其人亡则政息",见朱熹《四书章句集注》本,页28。

出人治与法治的不同,前者出于己意,后者出于事理①。彭蒙"法
自理出"的主张,和马王堆帛书《经法》所揭示的"道生法"的命
题,这两者间是同一思想脉络的发展。《黄帝四经》称颂法治,充
分表现出援法入道的思想特征,《四经》全书"礼"字未及一见,但
就其整体思想来加以考察,《四经》仍突出地表现出强调贵贱有
别的礼制文化的特征②。

战国黄老道家著作众多,但大部分已佚失③,现今可见具有重
要代表性著作,一是《黄帝四经》,一是《管子》四篇(《内业》、《心术》
上、下及《白心》)。《管子》四篇被当代专家学者认为稷下道家的代
表作,而《黄帝四经》的出土,一般被认为楚文化作品,而两著作都有
明显援礼法入道的特征。无论是《黄帝四经》或《心术》等篇,认为礼
与法同出于道,如此而将形而上的道与形而下的礼法贯通为一整体。

(二)以道为主,礼法为用

1.礼法相持

战国黄老由于因应时代环境的需要,乃援礼法以入道,将形
上之道与形下之礼法贯通为一体。而其礼法同出于道的主张,实
是以道为体,以礼法为用的观点。这在道家思想史上,有重大突
破性的意义。

---

① 此即前段《尹文子》引文"圣人者,自己出也"与"圣法者,自理出也"。
② 《黄帝四经》一再强调礼制中贵贱有别的核心观念,如《经法·道法》"贵贱有恒
立(位)"、"贵贱之恒立(位)",页73、74;《经法·君正》"贵贱有别"、"贵贱等
也",页112;《广大经·果童》"贵贱必谌(审)",页304。
③ 稷下道家如田骈、接子、环渊、宋钘等多有著作,《汉书·艺文志》道家类著录《田
子》二十五篇,《捷子》二篇,《蜎子》十三篇,《宋子》十八篇,惟先秦黄老著作尽多
亡佚。

在老子的思想系统中,道与法没有过任何的关联,而道与礼虽有所联系①,但并不直接也不明确。稷下道家则首次将道德与礼法并列,这在《心术上》做出显明的宣说:

> 虚无无形谓之道,化育万物谓之德。君臣父子人间之事谓之义,登降揖让、贵贱有等、亲疏之体谓之礼,简物小大一道、杀戮禁诛谓之法。②

《心术上》将道、德、义、礼、法等概念并举,逐一加以界说,并将礼、法与道的相互关系做了这样的联贯:

> 故礼出乎义,义出乎理,理因乎道者也。法者,所以同出……故事督乎法,法出乎权,权出乎道。③

礼、法"同出"于道,视礼、法为道的衍生物,从而倡导法治与礼义教化相互为用。这里展现出黄老道家经世的雄心,为要掌握时代的脉动而推动社会变革(即所谓"时变"),遂在以道为依归的前提下,把作为权衡准则的道通过礼法而落实到现实社会的层面。

在"礼法"并用的时代呼声中,道家的另一派列子学派,也提出"礼法相持"④的主张。"礼"与"法"之间,何者为主何者为辅,

---

① 通行本第三十八章:"故失道而后德,失德而后仁,失仁而后义,失义而后礼。"《老子今注今译及其评介》,页194。
② 《管子》第2册,戴望校正,页64。
③ "礼出乎义,义出乎理,理因乎道",今本作"礼出乎义,义出乎理,理因乎宜"。王引之认为当作"礼出乎理,理出乎义,义因乎宜"。郭沫若《管子集校》(香港龙门书局,1973年)第644页以王校不可从,"理因乎宜"当作"理因乎道","道"因形近误为"宜",此处引文据郭校改。
④ 语见《列子·周穆王》,杨伯峻《列子集释》,香港太平书局,1965年,页65。

在当时有不同的意见。一派是主张以法为主而以礼为辅,商鞅之外,《管子》的任法派明确认为"所谓仁义礼乐者,皆出于法"①;另一派则主张以礼为主而以法为辅,前述《心术上》之外,《枢言》篇便明确认为"法出于礼"。《枢言》宣说:"法出于礼,礼出于治。治、礼,道也。"②汉人收编得以保存在《管子》书中的《枢言》篇,为稷下道家的重要作品之一,上述主张(包括《心术上》)可以看出稷下道家在礼制为主体的社会中,"法"仅作为一种辅助性的工具而加以运用。

2."礼者因人之情"

在礼制为主体的社会中,稷下道家在以道为依归而倡导法治来辅助礼义教化之外③,还针对礼制文化之外化而至异化的崩坏时境,提出如此发人深省的声音:

> 礼者,因人之情,缘义之理。④

这里,言简意赅,切中礼制之流弊,而提出"因人情"、"缘义理"的主张。这主张可归结为三个主要的观点:一是稷下道家在思想史上首次提出"贵因"的主张。二是突出百家争鸣中"情"的重要议题。三是在倡言"因情"的同时,并提出合宜的"理",以为之制衡。稷下道家将"因"、"情"、"理"纳入人性论的范畴,在中国古代思想史上有其深远的意义。

稷下道家将"因"及"因情"的观念带进礼制文化中,丰富了

---

① 《管子·任法》,戴望校正本,第2册,页90。
② 《管子·枢言》,戴望校正本,第1册,页55。
③ 《管子·任法》,戴望校正本,第1册,页55。
④ 《管子·心术上》,戴望校正本,第2册,页64。

古代道家哲学的内容。贵"因"说在道家内部有一个发展的过程,《老子》书中未曾出现"因"字,不过它"以百姓心为心"①却蕴含着"因"的主要内涵。到战国时期,道家著作中,"因"字大量涌现②。这种涌现,与老子"以百姓心为心"的政治主张的立场一致。"贵因"说强调"因人之心"、"因民之欲"。"因人之心"、"因民之欲",可以说是古代民本思想的一个基本理念。这里我们只讨论"礼"和"因人之情"的联系。

原本礼的设施在于别贵贱,也就是站在贵族的立场所设计的一套维护统治阶层之间的仪节以及上以驭下的规范。然而春秋战国之际,社会阶层的大变动,有的贵族纷纷下降为平民,有的布衣上升而为卿相,这种阶级的大变动带来了人民思想的解放,也扩大了人民心头的愿望,所以在礼制文化中提出"因"的概念,也就是将礼落实到"以百姓心为心"作为主要的思考方向。面对当时礼的外化、异化的严重情况,礼制文化不仅流于虚伪而且背逆人情、乖违人性,礼反成为僵硬的、冷酷的社会规范,因此稷下道家提出"因人情"、"缘义理"的因应之道,为礼注入了"情"和"理"的新血液,礼的设施不仅要考虑到人和人之间的合理性,也要顺应人情人性之自然。如果礼缺乏情和理这两个面向,那就成

---

① 通行本第四十九章,《老子今注今译及评介》,页234。

② 帛书《黄帝四经》"因"字为二十三见,《庄子》书中出现多达五十三次,"因"多只在表达顺任自然之意,而未发展成为一个独立的范畴,而稷下道家则不仅提出"贵因"、"因之术"、"静因之道"等重要哲学范畴,而且还为"因"下界说,谓"因也者,舍己而以物为法者",以上所引皆见《心术上》,《黄帝四经今注今译》,页66、65、63、65—66。白奚教授指出:"黄老将'因'的原则应用于人性论",请参看白奚《稷下学研究》,三联书店,1998年,页103。

为后代批评为非人性化的"吃人礼教"。

稷下道家所提出的礼和情的关系,尤其值得我们注意,以"人情"滋润"礼",更反映了战国中期百家争鸣所迫切关注的时代课题。道家各学派,都非常重视礼内在的情质。从庄子学派倡言"任情"而"安情",发出"仁义其非人情乎"的呼声,到稷下道家明示"礼者因人之情",在在彰显出礼制文化不仅要有道德的自觉,而且要有丰富的个人内在感情。郭店出土的古佚书《性自命出》中提出令人醒目的"道始于情"、"礼作于情"①的命题,这也反映了在礼制文化垂危之际注入"情"的重要性。

四、结　论

论及先秦诸子之礼观,长期以来学界普遍地执持着儒家守礼而道家反礼的观点;即使是研究道家的学者,也不例外。然而,如果我们对道家原典做更进一步的深层探究,则将产生与传统极为不同的看法。

首先我们必须了解,在道家的思维系统里,形上界与形下界为一相互涵摄的整体,两者并非分离割裂。例如,关于《老子》第三十八章的解释,在道、德与仁、义、礼五者之间,道居于形而上的层次,而德则为形而上领域与形而下现实社会彼此联系的中介环节,使形上之道成为孕育现实存在的母体,而与维系人间社会伦序的仁、义、礼有着因依相存的连锁关系。作者就此线索对道家之礼观进行重新思考。

_____

① 湖北省荆门市博物馆编《郭店楚墓竹简》,文物出版社,1998 年,页 179。

本文最主要的思考线索是:道家对于礼制文化确有强烈批判,但其所批判的其实是对于当时社会上普遍存在的礼之外化、异化的现象,而非一味反对礼之真实内涵。因此,从道家的创始者老子起,即重视礼之内在情质。庄子循此发展出"反真"、"贵真"的观点,以内心真情实感之流露来作为礼所应具有的内在本质。稷下道家更进一步提出"礼者,因人之情"的主张,强调礼的形成或制定,都必须顺应人情人性之自然。就真情实感这方面而言,庄子的观点与原始儒家实可相互会通;再就重视礼在现实社会的功能面来看,稷下道家则具有"采儒墨之善"①的特点。

笔者在探讨道家各学派之礼观时,留意到庄子后学将礼文纳入人性论考察的重要意义,在先秦人性论的议题上,孟子主性"善",荀子主性"恶"为众所周知,而道家之主性"真",则未受到学界应有的关注。此外,黄老道家将"因"的概念运用到人性论范畴也值得注意。总之,由道家之礼观而引出道家人性论的探讨,确实是一个值得进一步研究的重要课题。

(本文为 1999 年 5 月下旬参加荷兰莱顿大学亚洲研究所举办"儒道之礼的理论与实践"研讨会所作,1999 年 5 月 9 日完稿,8 月底修订,后刊于《汉学研究》第 18 卷第 1 期,台北汉学研究中心,2005 年 6 月。)

---

① 引自司马谈《论六家要指》对黄老道家特长之评语。

冲突世界中的和谐对话

——老子和谐观给世人的提示

今天我们来到老子晚年定居讲学地区的西安,参加这样一个以"和谐世界　以道相通"为主题的《道德经》论坛,它的重要意义之一,便是汇聚东西方学者借老子的智慧来为我们当前扰攘不安的世界进行一次盛大的文化与哲学对话。我曾多次出席西安举办的老子学术讨论会,这一回国际学者的对话,要比以往更具有时代性意义。下面我想以老子思想的现代意义为主线做一个简短的发言。

一、地球暖化与"道法自然"

近一个世纪来,"地球村"的概念逐渐形成,这和两千多年前老庄所提示的宇宙意识、天地精神正相对应。然而,上个世纪爆发过两次世界大战,全球各地区间的分离割裂、对峙冲突,至今仍未止息。因而,冲突与对话,仍然是我们全球各色人等的主要课题。

自古至今,人类便不停地面临着三大冲突:人与自然的冲突、人与人的冲突、人与自己内心的冲突。而当今人类在享受科技文明成果的同时,各种冲突却仍在扩张并呈恶质化的趋势。就人与自然的冲突而言,当今人类对于自己赖以生存的地球资源,进行前所未有的榨取掠夺。我们只需从自己的生活经验中,就可以深切体会地球生命遭受人类毁损的程度:我们目击大片森林不断被砍伐,田园风光急遽遭毁容;昔日嬉戏泛舟的河川已日渐干枯,幼年时代与自然的亲密关系已不复再现。今年寒假期间全球各地无不出现气候反常与生态恶化的异象。近日读到这样的一个报导,由一千多名科学家组成的"气候变化跨政府小组"将向联合国提出一份报告,初稿中警告说:"全球暖化在二十年内将导致数亿人缺水,此外每年会有一亿人因海平面上升住家被水淹没而失去家园。"全球暖化的趋势将使得每个人的生活都受到严重的影响,而人类正是地球暖化的元凶。

我们以往所接受的教育,总是赞扬人定胜天的精神,如今戡天役物的作为,却带来大自然重重地报复。这情景使我想起金岳霖先生的一段论述:

> 西方有一种征服自然的强烈愿望,似乎总在对自然作战。这种态度的结果,一方面是人类中心论,另方面是自然顺从论。……对自然的片面征服似乎让人性比以往更加专断。我们应当小心谨慎,不能随便提征服。……自然规律从来没有为了人的利益,顺从人的意志而失效或暂停;如果我们想用堵塞的方法来征服自然,自然就会重重地报复我们;

不久就会在这里那里出现裂缝,然后洪水滔天,山崩地裂。

这是1943年金先生写的一篇英文稿(1985年钱耕森中译,载于《哲学研究》)。印尼爆发"洪水滔天"的大海啸,以及近来频传北极冰山融解崩裂的景象,使我霎时想起六十多年前金先生发出的预警。近来由于"地球暖化"而引发"地球老化"的惊呼,这让我们回想起老子的名言:"人法地,地法天,天法道,道法自然。"的确,针对近代以来人类中心论的偏颇论调,我们当重新开启"尊重天地的自然性"这一思考。

二、单边主义与"殊途同归"

近一个世纪来,人与自然的冲突史无前例地加剧,在各个工业强国率领下,各国竞起以"现代化"的手段加速对地球生命的毁损;而人类相残的惨景,也未曾缓步。第二次世界大战中大规模武力屠杀,就夺去了五千万条生命,人间遭遇如此悲惨教训之后,如今中东战火依然燃烧不断。这情景不禁令人想起尼采说过的这样一句话:"人类是病得很深的动物。"(《反基督》)

人类历史有着不同的世界观与人生观,较显著的有两种:一是以斗争为主线的世界观与人生观,另一是以和谐相处为主导的世界观与人生观。自二次大战以后,世界局势仍在唯力是尚的霸强主导下运行着。今天霸强的主政者们,首要任务便在于如何巩固其全球性的军力部署,以及维护其核武储备优势之不可挑战性。武力相向的结果,演变成为当前世界各地之恐怖袭击与反恐神经战的紧张情势。

电视上播报国际新闻时,我们最常见的一幕以强凌弱的镜头便是:敌对双方,一边是一堆散乱的人群俯身拾起地上石头往前扔掷,一边是手持先进的机枪或火箭向人群猛烈地射击。这鲜明而悬殊的对比,多年来反复呈现在我们眼前,给世人留下多么无奈与不平的感受! 仇恨的情绪遂长年从中东地区随着宗教宗派的传播而扩散开来。

昔日基督教文化东传以"平等"、"博爱"为号召,如今在英美政治与军事单边主义中则饰以"自由"、"民主"之美言。当美军向巴格达政权施展其无比摧毁性的"现代化"火力之后,坦克部队便所向无敌地长驱直入伊国领土,老子曾形容战争的灾情:"师之所处,荆棘生焉。"如今的中东则是师之所至,烽火四起。我在电视上看到一名劫后余生的妇女,蹲在她丈夫和孩子尸体旁边失声抽泣,之后面对记者哭诉着:"美国人说要带给我们'自由'……但是现在带给我们的却是恐惧和死亡。"自后,美国官方似乎不太敢向他们说"民主",因为"民主"要讲多数决,而绝大多数的阿拉伯人要建立的是伊斯兰教的政府而不是基督教政权。

不同教派之间,原本是"人民内部矛盾",竟演变成不共戴天的"敌我矛盾",这对东方人是不容易理解的事。因为两千多年前中国文化界"殊途同归"之说就已深入人心。而基督教文明和回教文化之间,同属一个"上帝",纵使宗派间的信仰不同,怎会动辄兵戎相向? 这才使我想起老子提倡"寡欲"的现代意义,即使垂涎于石油资源,也不能如此强硬地入侵别国领土进行资源垄断。这种政治和军事的单边主义,或许是文化绝对主义、独断主义的反映。

中国文化传统长期受到儒道和谐观的影响,宋明之后三教合一已演成常态,迄今已有千年之久。汉魏以后佛教传入中土,道家有接引之功。佛道思想长期融合,我们到现在可以在中国和东南亚华侨的寺庙中看到诸神共享的景象;在道观里,可以看到太上老君和观世音菩萨并列,前庭可供一座孔子像。这种多神并列的情景,乃道家和谐观之具体反映。

三、贵"柔"谦"下"的现代意义

"911"事件,美国遭受到突如其来的浩劫,但主政者并未在政策及对待异己的态度上进行任何反思,只知使用以暴制暴的手段,在美国中心论的强化与推动下,使政治走向与军事行动更趋于极端与单边主义。这情景常令我想到老庄的哲理。

这里仅就老子贵柔与谦下思想用之于治道方面来谈谈。

(一)"大者宜为下":《老子》第八十章曾为"小国"提供治国的方针,其要在于提高人民的经济生活("甘其食,美其服,安其居,乐其俗");不炫耀武力("使有什伯之器而不用"),有些防御性的武器就可以了,不必耗费民财大肆扩军或搞军售("虽有甲兵,无所陈之")。

老子为"小国寡民"(第八十章)提供施政方针的同时,他更为大国提供诸多治国良策,例如在第六十章告诫:"治大国,若烹小鲜。"这就是说治理大国如同煎小鱼,不能常常翻动,常翻动就会破碎。用老子的话来检视当代,"文革"的折腾就是一个极深沉的教训。《老子》六十一章接着讨论国与国之间关系,世界能否和平共处,关键系于大国的态度。大国要像江海那样居于下流,为天下所汇归。老子说:"大国者小流,天下之交。天下之牝,牝常以静胜牡,以静为下。故大邦以下小邦,则取(聚)小邦;小邦以下大邦,则取(聚)大邦。故或下以取,或下而取。大邦不过欲兼蓄人,小邦不过欲入事人。夫两者各得所欲,大国宜为下。"这里强调国家无论大小,都应谦和相处,大国能够谦下以汇聚小国,自然能取信于小国而赢得归顺;小国如能以谦下见容于大国,自可获得大国护养而取得平等看待。而国与国相处,最重要的还是大国先要谦下为怀。《老子》六十六章再度阐发大国谦下不争的观念:"江海之所以能为百谷王者,以其善下之,故能为百谷王。"老子对大国提示这些道理,颇适于书写悬挂在联合国总部大厅前。

(二)"贵柔":战国晚期《吕氏春秋》学派论及老子学说观点时,谓"老聃贵柔"。我们生活在现代,每天总是要看国际新闻,强国政治领袖的言行,又常成为媒体报道的焦点。而强国领导的言谈举止,常失之傲慢或刚暴,这使我经常想到老子提示柔弱处世的道理。

2003年3月,美军入侵伊拉克,我每回从电视屏幕上看到布什总统的镜头,就容易使我联想起西部影片中牛仔动辄拔枪的身影。美军占领巴格达之后,布什穿着军装乘坐直升机降落在中东海边航空母舰甲板上的神态,我即刻想起老子对于"杀人之众"的战争所持的态度:"将欲取天下而为之,吾见其不得已。天下神器,不可为也,为者败之,执者失之。"(第二十九章)"不以兵强天下。其事好还。师之所处,荆棘生焉,大军之后,必有凶年。善有果而已,不敢以取强。果而勿矜,果而勿伐,果而勿骄。"(第三十章)"夫兵者,不祥之器,物或恶之,故有道者不处。……杀人之众,以悲哀泣之,战胜以丧礼处之。"(第三十一章)这是老子论兵所发出的人道主义的呼声。

我童年时代经历过抗日战争,但属后方地区,战争的惨烈虽时有新闻,但未及目睹,直至1972年夏天我在美国圣地亚哥加州大学校园内,观看两次大战的纪录片,才首次目击日军入侵南京大屠杀的情状。纪录片最后拍摄出一具具、一堆堆被日军屠刃的平民尸体搬上一辆辆大卡车的惨景。每当我在电视上看到日本前首相小泉参拜靖国神社时那副神态,就激起我回忆起南京大屠杀时的一幕幕景象,也使我想起老子对穷兵黩武者的告诫:"兵者,不祥之器……胜而不美,而美之者,是乐杀人。"

四、齐物精神与"玄同"之境

权力运用得当,可以服务人群,但权力容易使人傲慢,傲慢则易失去人类的同情心,而做出种种损人利己或害人害己的事端。老子"无为"的学说便是针对权力之专横、滥用而提出的。

我们生活在同一的地球上,不同国度当透过对话以促进沟通来寻求共识。"9·11事件"及中东这场尚未终结的"新十字军东征",可说是以冲突、斗争为主线的政治结构运行的必然结果。地球村中的主人,无妨聆听东方的道声道乐。

道家的和谐观,不止于倡导人际关系的和睦相处,同时也阐扬宇宙的和谐与心灵的和谐。道家的"三和",用庄子的话,就是"天和"、"人和"、"心和",至今听来仍是"天籁"之音。

我们生活在同一个星球上,不同民族理应加强对话以促进和谐,来扩大共通点寻求共同处。在老庄的"观点主义"(perspectivism)中,人类可有不同的视域:存异以求同;同中可存异。就存"异"而言,即庄子所谓"自其异者视之",小至于维护个人的殊异,大至于尊重不同民族文化的特色及生活方式;庄子同时又强调"道通为一",故而"自其同者视之",则全人类可共存共处,缔造一个多彩的世界。

我们期盼未来有一个"与道相通"的"和谐世界"。这正是庄子"相尊相蕴"的齐物精神,也是老子的"玄同"境界。

(本文为2007年4月参加中国道协主办西安"国际道德经论坛"所作,后刊于《中国道教》2007年第4期。)

老子的哲学智慧对当前文化危机的启发

一、从哲学理论到现实人生

《老子》五千言多在谈论治道,以深奥的哲学义理作为理论的依据。但一般人一翻开《老子》第一章,对于"玄之又玄"的道,常感到十分费解。我就从首章第一句话"道可道,非常道",作为我发言的起点。

这三个"道"字语境意义不同,但彼此之间具有内在联系。第一个"道"包含了天道和人道。天地间运行的法则(天道)和人事间行事的规范(人道),都必须透过语言文字来加以表述和建构。第二个"道"所指的就是语言的功能之意义。"道"这个象形文字代表着华夏地区的人群昂首挺立在大地上活动,共同谱写出一部多彩的历史。这使得"道"成为中国文化的象征。第三个"道"是老子哲学的最高范畴,同时也成为了中国哲学的最高范畴。第一个和第三个"道"之间,则具有现象界和本体界(或曰本根界)的关系,第三个"道"是第一个"道"的本源和本根,如果借用王弼的话来说,它们是"体—用"、"母—子"的关系。

这三个"道"字语境虽异,但具有共同的基本意涵,那就是:方法、规准、法则,当然也就蕴含了和谐、秩序等等意涵。以"方法"来说,老子提出了对立辩证的思维,运用到现实社会之中,正在告诉人们应当承认对方的存在,了解对立面的彼此是相互依存的,如此一来,才不至于流于片面思考与单边主义。

现在,让我们把这三个"道"的语境意义放在两千五百年后的今天,来重新诠释,呈现出它的当代意义。(1)第一个"道"就天道层面来反省,提醒我们更加关注天地间自然的运行法则,不要从人类中心主义出发而过度地毁损它,破坏它,我们应该更加地珍视太空环境与地球生命。(2)就人道层面来说,如何建立一个和谐的秩序,成为全球共同努力的发展方向。2007年4月,在西安召开的国际《道德经》论坛中,在西方媒体不断制造"中国威胁论"之际,我们宣告"和谐世界,以道相通",将数十年来以阶级斗争为纲转向以和谐为本的方针,具有划时代的意义!在参与建立全球性秩序之前,首先我们自己要建立一个和谐有序的社会。

今年发生金融大海啸,冲击全球。中国经济的蓬勃发展,为全球金融危机带来了稳定的作用,但说到底,要重新建立全球秩序,还是要借重文化的智慧。正如罗素在世界大战后所说的,经济的问题,军事的问题,归根究底仍是文化的问题。所以,在各种危机当中,如何重建国际的秩序,必须回归到文化问题上来反思。

我九月中到上海,上海这些年来发展快速,车辆激增,地铁落成,硬体上实质的成长有目共睹。但驾驶人与乘客横冲直撞、旁若无人的行为,造成了交通秩序杂乱无章的状态,实在是有碍国际观瞻。在世博盛会之前,如何养成民众有礼有序的态度,对国际大都市来说,实在是一件重要的事情。我们必须向国际城市看齐,就拿邻近的台北为例,台北的交通行车有序,乘客搭乘捷运系统时自动排队,自然有序的交通礼仪,值得上海学习。

二、老子治道的现代意义

(一)治身之道的现代意义。老子深刻感到当时的人过度物化而迷失本性,十二章说:"五色令人目盲,五音令人耳聋,五味令人口爽,驰骋畋猎令人心发狂,难得之货令人行妨。"反观现实,人心物化也已经到了令人心发狂的程度。因此对于当前大陆的国学热,我乐观其成,相信它能对人心的内在教化起到相当的作用。再者,五十九章说"治人事天,莫若啬"。治身治国要强调"啬",教人爱习保养,涵养学养,储蓄能量,"重积德"才能累积生命能量,也才能"深根固柢,长生久视"。老子形容自己"被褐怀玉",希望老子"啬"的智慧,能在人人迷失在商品文化的浪潮之际,再次激发人充实生命内涵的自觉与自我要求。

(二)治国之道的现代意义。《老子》五千言从治身到治国,主要是谈治道,是讲给治国者听的。孔子比较多的是提供为臣之道,老子几乎都在提供为君之道。一方面,对于小国,老子提供"小国寡民"自处之道,以自给自足、具有足够防卫性能力为原则。另一方面,老子的治国理论更多是为大国设计的。老子说:"以静为下。"就我的观察,现在的大国骚动、浮动得太厉害。近年我所到之处,皆听闻一片反美的声音,这正是因为美国不懂得老子"大者宜为下"的智慧与道理。反观大陆,"治大国若烹小鲜",若能早几十年提出,中国也不致发生"文革"了。老子又教人"常善救人,常善救物"、"以百姓心为心",这是身为国家领导应有的胸襟。

老子虽然是两千多年前的人,但今天看来,却特别感到它切重时弊之深刻。老子的哲学智慧,对解决当前文化危机的启发,引人深思。

三、老子"可道"的重要性

老子作为本源、本根的形上之道,是探讨万事万物由来的根源因,落实到现实世界有它特殊的意义。特别是2003年"911"事件之后,我经常探讨这个事件发生的究竟原因。美国以"反恐"为名,发动中东的战争,实在是倒果为因,现在也引起美国舆论的反省。

这半年来,我看到相关报导的统计数据指出,至目前为止,参与战争花费的金额之庞大,从九千亿美金,突破到一兆美金,已经超过韩战和越战经费的总和,是美国参与第一次世界大战的三倍之高。另一方面,在中东战争之中,已有五千馀官兵殉难。根据2009年7月8日《联合报》的转载,《纽约时报》专栏作家贺伯特指出,在越战中,光美军就死难将近六万人,越南人民死难的则达二百到三百万人。当时的国防部长麦纳玛拉表示,他对越战的认知与因应之策"严重错误"。因而贺伯特不禁问说:这些对地缘政治毫无概念的青年,为何要成为杀人机器?这个时候,我总会想起老子说,"不以兵强天下"(三十章),"夫兵者,不祥之器……

杀人之众,以悲哀泣之"(三十一章)。"为何而战"这个问题,不只是来自美国有良知的知识分子的反省,全球有良心的知识分子也都会发声质问。

然而,这个有良知的知识分子,有良心的作家,他的声音太过微弱。美国以最先进的飞弹轰炸伊拉克连续数十小时之后,我看见布希身着美国军装坐在美国的航空母舰上,那种耀武扬威的神态,我立刻想到老子说过:"胜而不美,而美之者,是乐杀人。夫乐杀人者,不可得志于天下矣。"(三十一章)我个人从有知觉开始,就有躲日本飞机轰炸的记忆。至美期间,才看见南京大屠杀的纪录片,那卡车载满尸体的景象,令人触目惊心。近年我每一两年都会看见日本参拜靖国神社的报导,更经常让我想起老子对于军事黩武者的警世箴言。

"9·11"之后,我愈加感到老子"可道"的重要。在现代,"可道"可从对话和教化两个层面来谈。老子的不言之教和孔子的教化是可以互补的。在"文革"之后,重新展开"对话"很重要。第一个"道"具有全球的心胸,第三个"道"更有一种宇宙的视野。第二个"道"强调在不同的国家与文化之间,应该由对抗转化为对话的形态,特别是异质的对话。现在汉语办公室正在进行"五经"的翻译,但从文化普及层面来说,《论语》和《老子》的翻译,恐怕更为迫切。中学以上可以选读《论语》。为何要选读呢?因为其中有些观念已不合时宜,例如"唯小人与女子难养也"。大学以上可以读《老子》,我觉得《老子》每句话都应该读。正如我们的学生在读西方的典籍一样,外国人也应该多读中国的经典。因为,就像尼采说的,"过分缺乏历史意识,就会像阿尔卑斯山下的居民般视野狭隘"。

四、结　语

老子的形上之道和万物之间,有着共相和殊相的关系。在这里,我想借由几个重要的命题,简单地总结老子哲学智慧的现代意义。

第一,道法自然。在全球化的时代,彼此交流频繁,人们应该学会尊重每一个个体的自发性、自为性与自主性。

第二,道生德畜。我觉得老子的"德"特别重要,他说:"生而不有,为而不恃,长而不宰。"老子激励人要发挥创造的意志,警惕人要收敛占有的冲动。"生"、"为"就是为民服务,"不有""不恃"就是反贪污。在北京论坛的开幕式,我郑重建议中共党校应该要读《道德经》。

第三,道常无为。老子的"无为"主要是针对统治者的有为、妄为而提出的。他主张消解权力的专横,反对强国干政,对促进全球秩序的和谐有积极的意义。

第四,进道若退。全球化的时代,也是全球竞争的时代。老子告诉我们,要向前迈进,向上提升,竞争不是唯一的选择。所谓"退一步海阔天空",老子的辩证思维给予我们不同的视野与启发。

第五,道通为一。庄子说"恢诡憰怪,道通为一"。世界进入全球化的时代之际,全球秩序的建立也成为一个重要的课题。我认为全球秩序不该是"大同"世界,不能以强国的价值观为单一权衡,而消解了不同人种的文化特质。相反的,我们应该开启异质对话,在保持个体殊异性的前提下,建立起彼此融通的"大通世界"。

（本文为 2009 年 11 月参加"北京论坛"发言稿,后刊于方勇主编《诸子学刊》第四辑,上海古籍出版社,2010 年 12 月。）

道法自然与道通为一

长久以来，我们都特别强调老子对个体生命的重视，但是最近我注意到西方消费刺激生产所产生的种种弊端，对个体和个性的单向追求带来公共道德的缺失，因此想从共性和殊性、共相和殊相的角度来谈一谈道法自然与道通为一的思想。

一、道法自然

《老子》第二十五章说："人法地，地法天，天法道，道法自然。"罗素在《中国问题》书中，就是从个性自由的视角来谈论这个话题，他的话是从这样说起的：

> 老子、孔子虽然同处于公元前六世纪，但已具备了今日中国人的个性特点。……中国最早的圣人是老子，道家的创始人。……我对于他的哲学比对孔子的要有兴趣。他认为每个人、每个动物乃至世间万物都有其自身特定的、自然的方式方法。……庄子比他的老师更让人感兴趣。他们所提

倡的哲学是自由的哲学。

罗素这里所说的"每个人都有其自身特定的方式",就是"道法自然",即道遵行自然,乃是遵行自己存在的活动方式,依据其自身存在的方式自由运行,正体现了道的自发精神。但是"道法自然"并不仅仅表现为一种个体的自足、自发与自为,也呈现出道作为整体与个体之间的相互会通。人法地的厚重、天的高远,法道的自发精神,在这里,自然可以理解为发挥个物的自性,而道就是整全,具有一种普遍性和共通性。

道是产生万事万物的源头,"道生一,一生二,二生三,三生万物",不管万物多么千差万别,就其形而上学的根源来说,都可以上溯至一个共同的原因——道。同时,道也是万事万物存在的本原,是万物按照其本身特性运行的根据,道生德畜,虽然道"生而不有,为而不恃,长而不宰",无形无象,但却无时无刻不作用于万物生、畜、育、熟的过程中。

"道"还因其至大至广,具有涵容、统摄一切的多元性的能力,因而才能成为所有事物共有的共相,而不是某一类某种事物的共相。对一般事物进行的抽象只能获得对某一类事物共相的认识,但这个认识只能是一定范围的共性,却无法保证概念外延外事物的个体性,而只有道这个大全,才能在保证个体殊异性的前提下实现其整体性。

二、道通为一

《庄子》对于万物的自性、个体的殊异的发挥格外突出,他特别强调道的"自本自根"(《大宗师》),倡言"物固自生"(《在

宥》)、"物固自化"(《秋水篇》),比如,《田子方》"天之自高,地之
自厚,日月之自明";《秋水》篇中河伯与海若第四次的对话中强
调各物的"殊性"、"殊技";最著名的莫过于《至乐》篇中"鲁侯养
鸟"的寓言,鲜明地阐发尊重个体生命差异的重要意义。

虽然每个个体千差万别,有着自己的殊异性,"凫胫虽短,续
之则忧,鹤胫虽长,断之则悲"(《骈拇》),庄子也重视到人在宇宙
和人生中的共通性。

首先,庄子对人性有两个解说,在《庚桑楚》篇中他说"性者,生
之质也",这一命题沿袭了告子"生之谓性"的自然人性论,这是从
人之为人的共通性上来说的。在《天地》篇中,庄子从道德论引申
出性命观,从而为人性的本源、本体寻找到它形上学存在的根据:

> 泰初有无,无有无名。一之所起,有一而未形。物得以
> 生,谓之德;未形者有分,且然无闲,谓之命;留动而生物,物
> 成生理,谓之形;形体保神,各有仪则,谓之性。……性修反
> 德……通乎大顺。

万物演化的过程是一个由无到有的循环往复的运转过程,这个过
程中经历着德、命、形、性几个阶段,这是万物的共通性。但同时
庄子也指出,"形体保神,各有仪则,谓之性"。道生万物,赋予万
物以形体,但个体生命又能以其各自的殊异性而为其性之内容,
所以庄子对性的解说,既肯定了人性中之共性,也强调其中的殊
异性,正如其在《则阳》篇中所说"万物殊理","道者为之公",每
个事物在宇宙中都有其存在的特殊性,但正是道才让所有事物有
了一种共通性。

在庄子看来,宇宙间一切物象,生意盎然,各呈其能。然而个体存在显现出无比的差异性、对立性,又如何相互会通融合呢?因而阐扬个体生命价值的同时,个体间的相互交汇而互为主体,便是庄子进一步要思考的重要问题。以此,在肯定个体生命的生存意义与价值论述之后,庄子便接着论及个体的多样性与大道的整全性关系,他在《齐物论》中详细讨论了这一问题,"恢诡憰怪,道通为一",是说众多个体生命在宇宙大生命中相互会通;"知通为一而寓诸庸",是说在宇宙大生命中,让无数的个体生命得以发挥各自独特的功能,而共同汇聚成为一个多彩的世界。

三、共相与殊相的关系及其启发

西方最早将道翻译为"god",视道为造物者,与上帝相类似,但中国的"道"概念与宗教的天帝概念并不一致。与西方相比,不管是孔子,还是老子,都显示出强烈的人文精神,具有丰富的人文意涵。

西方哲学的上帝,除了创生意志之外,还具有绝对性和权威性,这与道的"玄德"有很大的不同,道的观念主张在事物的成长和成熟的过程中要"生而不有,为而不恃,长而不宰"。西方哲学的观念很容易导致一种偶像主义、威权主义和绝对主义的倾向,用怀特海的话说,就是容易造成"自然的两极化",being 和 nonbeing 之间的两极化,而中国哲学中的道物关系,更多的是一种群己的关系,是整体与部分、共相与殊相的关系,万物因道而存在,道也赋予万物以多样而特殊的个性。

此外,与西方哲学相比,中国哲学的道物关系中还蕴含着一种境界说。比如《庄子》言"独与天地精神相往来",个体生命可以流入宇宙生命,使个体生命能够扩大它的内容,提升它的精神境界。这种将个体的殊异性置于共同性的洪流中以获取殊异性的提升的空间和永恒的价值,也是中国哲学的一大重要特点,对于个体精神、生命、心灵的安顿有着重要的意义。所以,《淮南子·要略》说:"故言道而不言事,则无以与世浮沉;言事而不言道,则无以与化游息。"道物之间的关系是不离不弃的,是不可分割的个别与整体的相互关系。而与此相对照,西方哲学中的现象界是变动不居的,没有永恒性,所以尼采说整个世界是一个有机的生命的联系体。在意识层面,对个体的特别强调,使得个体主宰的意识非常突出,唯我论、独断论的倾向强烈,容易导致纳粹主义、民粹主义等意识的产生。而在现实生活中,对个体生命的突出,固然有着强烈的人文关怀,但也可能因为对个体的重视而忽略了群己之间相互蕴含的关系,忽略了个体世界之间的相互会通。

对"道法自然"与"道通为一"的讨论,并不只是为了探寻万物生存的内在根据和万物千差万别的成因,对全球化思潮冲击下的现代人也有着诸多的启发:我们现在所处的世界,多达千百个不同历史文化、生活方式的民族,以及不同政治制度、社会价值的国家。从全球视野来看,世界上各色人等既已成为一个相互联系的整体,那么如何承认这殊异多样的文化载体?"道通为一"正是要不同族群,彼此之间能在同情了解的基础上进行对话与沟通,这正是庄子"道通为一"、"为是不用而寓诸庸"所提示的重要课题。

（本文为"老子:文献与思想"国际学术讨论会发言稿,北京大学国际汉学家研修基地,2010 年 9 月 6 日。）

下编
老庄的人文思想

道——精神家园

老子和孔子同时代，他们共同继承了殷周以来的文化传统。老子思想极富创造性，在创新的同时又有所继承。他所继承的和孔子一样，是殷周以来的人文思想，他创新的是形上道论，而他的形上道论也蕴含着丰富的人文精神。我们就以老、庄的重要命题，例如老子言"道法自然"和"生而不有，为而不恃，长而不宰"精神，以及庄子言"咸其自取，怒者其谁邪"之义，对比西方主宰万物的上帝，来呈显出老、庄的人文意涵。

一、道的本根性及其人文意涵

如果使用一个字来代表中国文化的核心观念，并且用一个概念来表达中国哲学的最高范畴，那么我想最适当的就是"道"。

"道"的本意是人行走的道路，后来引申为技艺、方法、事理、规准、法则及和谐、秩序等意涵。这些意涵为先秦诸子广泛使用而流传至今。老子之所以成为中国哲学的开创者，就是他最早将上述文化意义的"道"提升为哲学的最高范畴——即将"道"提升为宇宙的本原和万物的本根。

"道"的本根意义亦为庄子所继承,例如《大宗师》论及道乃是"自本自根",这意味庄子亦赋予道本根之意涵。"道"作为万物的本根意涵对于老庄而言,不只具有生成之根源义,更意味着道是人事价值的根源,亦即人间的一切制度、君王的行事作为,皆以道作为价值的依据。例如《老子》五十一章言:"道生之,德畜之,物形之,势成之,是以万物莫不尊道而贵德。"老子所谓的德,即是指道内在于事物的价值依据。再如二十五章言:"有物混成,先天地生,寂兮寥兮,独立不改,周行而不殆,可以为天下母。"这里老子一方面指出道的超越性,另一方面又将道视为"天下母"——一切价值的源头。

从上述老子的论述可以看出,道虽然有其作为万物生成的本源与本根之超越性,然而更重要的是其作为价值根源的意涵。正是作为价值的根源这一点,体现出道的本根性所具有的人文意涵。若换个面向来说,人间制度亦可是道的体现,或者和谐的人事即是道的体现,例如《老子》二十八章言"朴散则为器","器"指向制度与规范,"朴散"意指道的落实。整体而言,即意味着人间的制度与规范正是由道落实而成。另外对于庄子而言,和谐的人事即是道的体现,庄子于《大宗师》即言:"鱼相忘乎江湖,人相忘乎道术。""相忘"指向人事的和谐与自适,对庄子来说,这样的境界正是道的体现。

归结而言,老庄之道的本根性,在两个方面体现出人文意涵:一方面是作为人间制度、人事的价值根源;另一方面,理想的制度规范与和谐人事,正是道的体现。

二、道的创生性及其人文意涵

对于老庄而言,道创生万物,然而,这种创生却不是一种至高无上的创造力与主宰力,而毋宁说是一种开放性,一种让万物得以自行生长、发展的开创性。王弼在解释《老子》十章"生之"、"畜之"时言:"不禁其性,不塞其德。"即深刻地将道这种让万物自行发展的开放性阐论出来。《老子》十章亦言:"为而不恃,长而不宰,是谓玄德。"所谓"为而不恃,长而不宰"正指出道只是任凭万物生长发展,而不加以干涉主宰。道的这种特质,也正是统治者对待百姓所应取法的特质——"玄德"。

道不主宰、不干涉万物生长的特质,正体现为一种不干涉百姓,让百姓依其自然之性生存活动的政治思想,这种政治思想正是老子无为思想的体现,也是道的创生性所含蕴的价值。老子屡屡言及这样的政治思想,例如三十七章言:"道常无为,而无不为。侯王若能守之,万物将自化。"这里指出君王应依据道不干涉、不主宰的无为特质,"以百姓心为心",让百姓得以顺其自性而生活。另外老子于五十七章亦言:"我无为而民自化,我好静而民自正,我无事而民自富,我无欲而民自朴。""无为"、"好静"、"无事"、"无欲"皆意指君王不以己意主导人民的无为思想,而"自化"、"自正"、"自富"、"自朴"则意指人民得以展现其生命之本真。

在老子的思想中,道创生万物实际上是让万物自行生长发展,这种开放性也正是老子所谓的"玄德"。而道任万物自行发展的特质,乃延伸至政治上君王让百姓得以实现其生命之本然。这种不加干涉、不加主宰的开放性,正是道的创生性所体现出的人文意涵。至庄子,则进一步将道的创生性艺术化。道为生生者,此生生者"刻雕众形而不为巧"(《大宗师》、《天道》),展现"天地之大美"。庄子赋予道的艺术特性,影响了后世山水诗、山水画等美感意涵的发展。

三、道的大化性及其人文意涵

老子言道"周行而不殆"(二十五章),指出道周而复始的变动性("反者道之动"),同时体现为万物生存发展的规律。庄子更加地关注万物的变化,提出"万化而未始有极"(《大宗师》)、"万物皆化"(《至乐》)的论点。庄子的大化观进一步延伸出几点哲学意涵:其一,宇宙万物既然不停地转化,"神奇化为腐朽,腐朽复化为神奇"(《知北游》),则不当以固定的、静态的、对立的价值判断及是非区别来认知事物。庄子于《大宗师》言:"夫知有所待而后当,其所待者特未定也。庸讵知吾所谓天之非人乎?所谓人之非天乎?""特未定"指向了万物的变化不已,而有所对应的静态认知及二元区别,例如对于天与人的判分,根本无法彰显万物之真实,这一点正关涉了庄子对于成心的反省。其二,庄子的大化观展现出生命应当洞察变化、参与变化、顺应变化及安于所化("观化"、"参化"、"顺化"、"安化")的价值理想,以此超越生死之别。

四、道的整全性及其人文意涵

老子言"道生一"，"一"即具整全性意涵；庄子言"道通为一"，则更明确地论及了道的整全性。相较于老子，庄子道的整全性，更具体展现出个体与整体间的谐和关系。例如，在《德充符》中，庄子提出"自其异者视之"的同时，也指出"自其同者视之"的观点；换言之，既肯定"自其异者视之"之分别"肝胆楚越"的人间视角，同时更强调"自其同者视之"之"万物皆一"的宇宙整体性视野。

关于庄子道论之调和个殊性与整全性，《齐物论》："诙诡谲怪，道通为一"的说法最为关键。这意味着世界上的事物是千差万别的，人与人之间彼此的对立、冲突、割裂、隔离，在道的世界里都被打通，都可会合。道的同通性，在《大宗师》"坐忘"的寓言中再度被彰显（"同于大通"）。

进一步言，《齐物论》"诙诡谲怪，道通为一"之说，在《则阳》篇被进一步理论化，并赋予它哲学命题的言说形式："万物殊理，道不私。""万物殊理"的命题，为万物特殊的存在样态其及运行的法则提供了理论基础，"道不私"（"道者为之公"）则说明个殊的万物之理是统合在整全的道之中的，彰显了道是一切存在之大全的意义。

五、道的境界性及其人文意涵

老庄之道，都具有作为人最终实践的生命境界意义。这种境界指向天人合一的精神。老子的"人法地，地法天，天法道，道法自然"(第二十五章)正体现人取法于道并以实践道的内涵为生命实践的最终境界。对于庄子而言,生命的实践在于达到如大鹏展翅般的逍遥。这需要生命的层层转换。无论《人间世》"心斋"的从"无听之以耳"到"无听之以心"再到"听之以气"的层层转化,还是《大宗师》中"坐忘"的层层"忘",或是女偊层层"外"的工夫,这些都是让生命最终达至逍遥之境,亦即道的境界。然而庄子道的境界不是远离人间,不是高高在上作为信仰的崇高对象或思辨探求的绝对真理,而是可以在真实生活中实践而出的真实境界。《天下》在论及庄子的境界时言:"独与天地精神往来而不敖倪于万物,不谴是非,以与世俗处。"正呈现出庄子境界之论中的人文精神。

六、结　论

老庄之道首先是万物生命的根源及依据,这一点显现出老庄对于人生命根源之重视。实际上,人生正需要根源感。正如郑板桥《咏竹》诗所言:"咬定青山不放松,立根原在破岩中。千磨万击还坚劲,任尔东南西北风。"生命之所以能够抵挡风雨摧折,同时愈挫愈勇,在于能够掌握生命之根源。老庄的生命感虽未必如此炽烈,然而同样肯定生命的活力乃源源不绝于道之生命根源中。老子言"归根"与"复命",亦言"既知其子,复守其母",此中无论"根"、"命"还是"母",皆展现出老子对于生命根源的重视。

除了生命之根源,老庄之道又指向天地万物循环往复、迁变不已,同时又多元丰富的和谐整全。道这种流变性、和谐性及整体性的意涵,其实正是一种宇宙视野。这样的宇宙视野,不但超越了个人自我中心性,也同时去除了人类中心主义的本位性及狭隘性。在老庄的道论中,生命是大鹏展翅般的开阔无垠,这样的开阔性却不是鄙视凡俗,而是以包容之胸襟,含纳差异,同情生命,从中展现出大仁、至慈的人文关怀。

(本文原刊《中国道教》2011 年第 5 期。)

中国哲学中的道家精神

东周时代,人类陷入空前的危机,先秦诸子在具有深厚人文精神的文化土壤上,思考解救人类之道,从而形成思想史上百家争鸣的黄金时代。那时期道、儒、墨、法提出众多的哲学议题,如天人关系、内圣外王,以及尚中和谐的人生态度等,各家抒发己见,其相互会通之处,经历代哲学家的推衍阐发而形成世界文明中独特形态的中国哲学精神。

当代中国哲学前辈多位论及中国哲学精神,例如,张岱年先生言及"中国哲学的基本精神"时,列举最重要的四点,即天道生生、天人合一、人格价值、以和为贵①。再如,余敦康综合金岳霖、冯友兰、熊十力三位哲学家观点时说:"按照他们所说,中国哲学的精神,就是一种从对立求统一的精神,是一种从天人之分中把握天人之合的精神,是一种具有宇宙意识又有人文情

---

① 张岱年《中国哲学发展的道路与前景》,收在《心灵与境界》,陕西师范大学出版社,2008年,页129。

怀的极高明而道中庸的精神,也是一种洋溢着乾健与坤顺相结合的综合之美的精神。"①又如,方东美先生在课堂上谈到中国哲学精神时,强调要把握哲学的内在精神。他还指出哲学不是单轨发展的:"在中国,要成立任何哲学思想体系,总要把形而上、形而下贯穿起来,衔接起来,将超越形上学再点化为内在形上学,儒家中人不管道德上成就多高,还必须'践形',把价值理想在现实世界、现实人生中完全实现。道家固然非常超越,但是到最高境界时,又以道为出发地,向下流注:'道生一,一生二,二生三,三生万物。'道家理想亦须贯注到现实人生中。"②

先秦儒道由同源而分流,由对立交参而会合,汉魏之后,儒道两家逐渐成为中国文化与哲学的代表者。上述各家观点,基本上是综合汉、宋以来儒道交汇所形成的中国哲学基本精神。以张岱年先生所举四项为例,儒道各有其独特的人格价值;儒家倡导"以和为贵",主要着重于人际间的和谐关系,而道家除了重视人和之外,更由宇宙的和谐(天和)谈到心灵的和谐(人和);至于各家都提到的"天人合一",其思想境界主要创发于庄子;所谓天道生生思想,则源于老庄而非孔孟,"道生万物"的观念首先由老子提出,庄子继之称道为"生生者",《易传》所使用的"生生"概念,乃直接继承庄子而来,因此天道"生生"的观念三玄是一脉相承的。

---

① 余敦康《回道轴心时期——金岳霖、冯友兰、熊十力先生关于易道的探索》,收在《内圣外王的贯通》,学林出版社,1997年,页550。
② 方东美《原始儒家道家哲学》,台北黎明文化事业股份有限公司,1983年,页18。

本文只从老庄思想中,列举道家哲学精神最具独到之处的四点:(1)宽容胸怀;(2)个性尊重;(3)齐物精神;(4)异质对话,阐述如下。

一、宽容胸怀

春秋战国为中国哲学之开创期,在文化史上承先启后的孔子和哲学创始者老子处于同时代。春秋末叶,老子玄思冥想的智慧和孔子"有教无类"的诲人精神,交相辉映,揭开了中国古代文化哲学的序幕。

老子和孔子在思想上互放异彩,常使我想起《庄子·田子方》的一段寓言。这寓言写温伯雪子前往齐国,歇足在鲁国,孔子欲前往拜访。起初温伯雪子不愿意会面,说:"吾闻中国之君子,明乎礼义而陋于知人心。"这里庄子依托道家人物温伯雪子指出儒家的长处在于"明乎礼义",短处则为"陋于知人心"。等到温伯雪子与孔子会谈之后,彼此却相互欣赏。

这个寓言中的重言,似乎是对"孔子问礼于老聃"[①]情景的描绘,在孔老的会谈中,体现了中国哲学史上首次异质对话的宽容精神。

《庄子·天下》论述老子思想风格时,正是称赞老聃"常宽容于物,不削于人,可谓至极!"战国晚期,《吕氏春秋·贵公》篇提出了一个划时代的主张:"天下非一人之天下也,天下之天下

---

① 孔、老相会的历史事实,先秦典籍中多所记载,《庄子》之外,儒家典籍《礼记·曾子问》有四处记载,《吕氏春秋·当染》载:"孔子学于老聃。"

也",而老聃有容乃大的"至公"精神受到高度赞扬;这篇文章中,又以"荆人遗弓"的故事①,谈论老、孔的廓落心胸,并细致地指出两者的宽大心境在层次上的差别:孔子具有超越国族的视野,老子则有胸怀天地的视域。

老子倡导"容""公"的精神,他说:懂得守住常道才能包容一切,包容一切才能廓然大公,廓然大公才能周遍万物②。他又说:圣人不固执己见,以百姓的意见为意见。善良的人,我善待他;不善良的人,我也用善心对待他,这样可使人人向善。守信的人,我信任他;不守信的人,我也用信心对待他,这样可使人人守信③。这些话流露出老子对百姓广大的同情心与爱心。

老子的容公精神,正是他那包容大度的思想人格的流露。"江海之所以能为百谷王者,以其善下之。"(六十六章)宽容谦纳正是老子所最具典范性的人格气象。老子的江海胸怀及其恬退自养、静定致远、敦朴厚实的人格特质,对后世产生广泛而深远的影响。

老子宽广的胸怀开创出他那前人所未有过的宇宙视野。老子思想视野最特出之处,这里仅举这两个方面:一是他首次提出万物存在根据的"道"。在他的道论中所建构的宇宙生成论和本

---

① 《吕氏春秋·贵公》:"荆人有遗弓者,而不肯索,曰:'荆人遗之,荆人得之,又何索焉?'孔子闻之曰:'去其"荆"而可矣。'老聃闻之曰:'去其"人"而可矣。'故老聃则至公矣。"
② 十六章:"知常容,容乃公,公乃全。"
③ 四十九章:"圣人无常心,以百姓心为心。善者,吾善之;不善者,吾亦善之;德善。信者,吾信之;不信者,吾亦信之;德信。"

体论,为历代哲学家所继承而发展①。二是老子系统化地应用
"相反相成"的辩证思想方法,开广了人类的视域,深化了人们的
思考。老子洞察到世事反覆交变,对立面总是在相互运转着:
"祸兮福之所倚,福兮祸之所伏。"(五十八章)老子这经验智慧,
有助于我们在人生逆旅上增强抗压的承受力,培养坚忍负重的意
志力。

　　老子提示事物正面的状态蕴含着反面的成分,这双向思维
有助于打破人们单边思考的习性;老子的逆向思维,从事物的
显相透视到隐相,从表层结构注视到深层结构,为人们打开了
一扇前所未有的多维视角的思想领域。

　　开阔的思路与宽广的胸怀是相互联系的。老子的逆向思维
和双向思考,在《庄子》中得到更进一步的发挥。例如《齐物论》
说:"物无非彼,物无非是。自彼则不见,自是则知之。故曰彼出
于是,是亦因彼。彼是方生之说也。"庄子认为任何事物都是具
有相互依涵的双向关系,在反对独断论和绝对主义的基础上,更
广泛地突出老子的相对性思想。

　　庄子和孟子同时代,两人处于战火绵延、生灵涂炭的战国中
期,各自建立起独特形态的心学,汇成一股以关怀生命为主题的
时代思潮。但两者对于言论的宽容度上,则形成鲜明的对比,庄
子延续老子"容""公"的精神,而倡言"万窍怒号"、"吹万不同",
持"莫若以明"的开放心胸,对百家异说采取兼容并蓄的态度。

_____

① 诚如张岱年先生说:"从战国前期直至清代,'道'都是中国哲学的最高范畴。而
　这个最高范畴是老子所提出的。应该肯定,老聃在中国哲学史上具有崇高的历
　史地位。"张岱年《论老子在哲学史上的地位》,《心灵与境界》,页187。

孟子却卫道心切,未能继承孔子"毋意、毋必、毋固、毋我"的谦虚精神,竟将"攻乎异端,斯害也矣"(见《论语·为政》)之说过度扩大化,孟子对杨朱、墨翟不同学派的强烈抨击①,表现出对不同学派缺乏宽容的度量②。

　　孟子对异己之见的排斥,开启汉儒"罢黜百家,独尊儒术"之先声。然而,在董仲舒发出钳制言论实施文化专制政策的同时,我们又看到了淮南王继承老庄的宽容胸怀,发出百家竞进、广开言路的呼声。《淮南子·泰族训》宣称:"天不一时,地不一利,人不一事,是以绪业不得不多端,趋行不得不殊方。五行异气而皆适调,六艺异科而皆同道。"董仲舒则主张:"诸不在六艺之科,孔子之术者,皆绝其道,勿使并进。"(《对策三》)这种正相对反的观念,开启了儒、道间经常呈现出文化一元主义和文化多元论的交叉并立的进路。

　　汉代道家所展现的开阔学风,为魏晋新道家所发扬。正始年间,王弼在儒家经学崩解及诸子学兴起的新时代中,继承黄老道

---

① 《孟子·滕文公》:"杨朱、墨翟之言盈天下;天下之言不归杨则归墨。杨氏为我,是无君;墨氏兼爱,是无父也;无父无君是禽兽也!"

② 张岱年先生曾批评孟子排斥异己的态度,说到:"孟子'辟杨墨',骂杨墨是无君无父的禽兽,表现了偏狭的态度。"(《从孟、庄看学派论争》,《心灵与境界》,页278)方东美先生也批评孟子"不从学术的立场,去指正出杨墨的错误,而径斥其'无父无君'比之为'洪水猛兽'。其实,墨家的思想无论从宗教方面或科学方面,即使是哲学方面,就学术史而言,都有很重要的成就。而孟子一举抹煞他们的价值……尽管孟子有'浩然之气'……却也缺少宽容的心灵,在中国学术史上,成为道统观念的始作俑者"(《新儒家十八讲》,黎明文化事业股份有限公司,2004年,页42)。

家"殊途同归"的旨意①,而提出"得意忘言"的诠释方法②,融合《易》《老》《庄》三玄及会通孔、老③,呈现出开阔的学术视野。其后,晋代郭象继而以"会而共成一天"之说,将庄子天籁的宽容精神再度呈现出来。由于三玄四典深富思辨性和抽象性的哲学思维,其后历代哲学家多借助于三玄之议题及其思想观念和方法,为其理论建构之基石。

从老庄到王弼,宽容胸怀所缔造的开阔学风,使异质文化的佛学得以顺利入主中原,其后宋儒又借助佛道之形上学理论以建构其宇宙本体论。由是,唐宋之后儒释道由并存而交融,形成一部以"道"为中坚思想④的哲学史。

二、个性尊重

成为中国哲史上中坚思想的老庄之道所具有的自主性、自发性及其容公精神,落实到经验世界时,便成为现实人生活动的哲

---

① 王弼《老子指略》中论及法、名、儒、墨、杂各家的长处和缺失时,继承《易·系》及司马谈《论六家要指》旨趣,亦谓"途虽殊,必同其归;虑虽百,必均其致"。

② 王弼《周易略例·明象》提出"寻言观象"、"寻象观意"、"得象忘言"、"得意忘象"等命题。其中"得意忘言"成为王弼解说经典建立自己哲学体系的诠释方法。参看拙文《从"得意忘言"的诠释方法到谱系学方法的应用》,《中国哲学与文化》第五辑,2009 年,页 3-27。

③ 如王弼《论语释疑》曰:"道者,无之称也,无不通也,无不由也。"见楼宇烈《王弼集校释》,台北:华正书局,1992 年,页 624。

④ 金岳霖《论道》:"每一个文化区都有它底中坚思想,每一中坚思想有他底最崇高的概念,最基本的动力。……中国底中坚思想似乎儒道墨兼而有之。"又说道:"中国思想中最崇高的概念似乎是道。所谓行道、修道、得道,都是以道为最终目标。思想与感情两方面的最基本的原动力似乎也是道。"(商务印书馆,1985 年,页 15-16)

学理论依据。这样,当儒、墨强调社会生活的同时,老庄的个性自觉与独立精神,亦为时代所需要而声音响彻千古。

当宽容自由、平等交流、个性尊重已成为我们当今生活中的公共精神时,老庄的经典生命便不断地向我们释放出新的意义。罗素在《中国问题》书中,从个性自由的视角论及老子"道法自然"的话语,他的话是这样说的:

> 老子、孔子虽然同处于公元前六世纪,但已具备了今日中国人的个性特点。……中国最早的圣人是老子,道家的创始人。……我对于他的哲学比对孔子的要有兴趣。他认为每个人、每个动物乃至世间万物都有其自身特定的、自然的方式方法。……庄子比他的老师更让人感兴趣。他们所提倡的哲学是自由的哲学。①

罗素所说的"每个人都有其自身特定的方式",我认为正是老子"道法自然"的意思②。

"道法自然",即道遵行自然,乃是遵行自己存在的活动方式,依据其自身存在的方式自由运行,这正是体现道的自发精神。让我们从文本的语境中来看《老子》所表达的重要意义:

> 道大,天大,地大,人亦大。域中有四大,而王居其一焉。

---

① 罗素《中国问题》,秦悦译,学林出版社,1996 年,页 148-149。
② 拙文《道家的人文精神》中对"道法自然"做了这样的诠释:"老子谓'道法自然',就是河上公所说的'道性自然'。所谓道性自然,借庄子的观点来说,道是自本自根、自为自成的。以此,道性自然是彰显道的自主性、自为性,人法道的自然性,实即发挥人内在本有的自发性、自由性。"见《道家文化研究》第二十二辑,三联书店,2007 年,页 75-123。

人法地,地法天,天法道,道法自然。(二十五章)

在这文本中,老子提出了两点重要的意涵。首先,老子将人的地位提升到宇宙中的四大之一,在思想史上这是史无前例的;其次,老子要人效法地的厚重、天的高远以及道的自主自为的精神。这两层意义和西方宗教高扬上帝的绝对威权以及视人为其被造物相对比,更加突显出老子在人文思想发展史上的特殊意义。

在阐发道与万物自发精神的观点上,老子更进一步地做了这样的论述:

道之尊,德之贵,夫莫之命而常自然。故道生之,德畜之;长之育之;亭之毒之;养之覆之。生而不有,为而不恃,长而不宰,是谓"玄德"。(五十一章)

在上述文本中,老子提出了三点重要的哲学意涵。第一,道与德之所以尊贵是由于道对这世界发挥了创造的功能,德则尽其畜养的功能。第二,老子尊道的同时,又提出贵德的思想,"贵德"是重视个体意识的体现,此德具有"生而不有,为而不恃,长而不宰"的精神,老子称赞它为"玄德"——个体深远的独特性。第三,老子明确提到道的"莫之命"——对万物不加干涉而任其自为。道之"莫之命"的精神和西方宗教哲学上的"绝对命令"形成强烈的对比,也更加张显了道家的人文精神。

由老子的"道法自然"到庄子的"万物殊理"(《则阳》),这重要的命题给予个体特有的存在方式以哲学理论的保证。老子倡导个体的自由活动而提出"自然"、"自化"之说,这一思路到庄子获得更大的发挥。

　　庄子强调道的"自本自根"(《大宗师》),又倡言"物固自生"(《在宥》)、"物固自化"(《秋水》)。《庄子》对于万物的自性、个体的殊异的发挥格外突出,如《田子方》"天之自高,地之自厚,日月之自明";《秋水》篇中河伯与海若第四次的对话中强调各物的"殊性"、"殊技";最著名的莫过于《至乐》篇中"鲁侯养鸟"的寓言①,再次地阐扬尊重个体的差异。

　　道家在个性的尊重到主体性的建立,而至于倡导互为主体,这些主张在庄子的思想中被格外地显扬。

三、齐物精神

　　《逍遥游》要在主体性自由的阐扬,而《齐物论》则由个体的尊重、主体性的建立到互为主体的论述。所谓"齐物"乃不齐之齐,乃殊异中求其同通;虽然说"道家注重个体"②,但也重视整体的协同关系。《齐物论》的三籁正是天、地、人发出不同的音响而共谱一曲和谐的大乐章。

　　《齐物论》的主题在于阐发万物平等的思想。从远古到现代,"自由"、"平等"一直是人类向往的美好情景,庄子说"以道观之,物无贵贱"(《秋水》),而"物无贵贱"的提出是为了打破人间政治、社会中等级差异的观念,这一理想在长期的专制政体与宗法封建制度的历史进程中,一直是激荡人心的。清末民初,当这

---

① 《庄子·至乐》云:"昔者海鸟止于鲁郊,鲁侯御而觞之于庙,奏九韶以为乐,具太牢以为膳。鸟乃眩视忧悲,不敢食一脔,不敢饮一杯,三日而死。此以己养养鸟也,非以鸟养养鸟也。夫以鸟养养鸟者,宜栖之深林,游之坛陆,浮之江湖,食之鳅鲦,随行列而止,委蛇而处。"

② 冯友兰《三松堂全集》第4卷,河南人民出版社,2000年,页90。

些理念成为我们当代不可阻挡的人文思潮,严复引进"自由"、
"民主"思想观念的同时,便已注意到将它们与老庄母体文化的
结合;章太炎则在《齐物论》中找到"平等"的思想与道家的接合。
《齐物论》不仅隐含着自由平等的因素,我们还可以在其中寻找
到许多隐含性的当代哲学问题,如共相与殊相的问题,以及在现
实生活中的群己关系问题。

　　我曾撰文论述《齐物论》的篇旨,现在仅就"齐物"精神从两
个方面说说:一是"齐"与"不齐"的问题;二是殊相与共相、整体
与个体的问题。简述如下:

　　(一)"齐"与"不齐"的问题:孟子批评农家观点时曾提到
"物之不齐,物之情也"(《滕文公》上),而庄子的齐物精神,正是
建立在万物不齐的基础上。《齐物论》开篇忽然凸出"天籁"、"地
籁"、"人籁"的议题,三籁之旨,正是寓"齐"于"不齐"。三籁中
庄子虚写天人之音("天籁"、"人籁"),而实写大地"万窍怒号"。
此中庄子依托于地籁的"万窍怒号"与天籁的"吹万不同",形象
化地影绘人间议论的蜂拥而出,庄子认为只要出自于开阔的胸
怀[1],无论是谁发出的言论都有他的视角意义,而不齐的物论都
有其特殊的价值。

　　《齐物论》中有这几句表达其主题思想的话:"物固有所然,
物固有所可。无物不然,无物不可。"这正是齐物精神的表
述——肯定每个个体生命都有他的存在意义,都可释放出他的生
命价值。

----

[1]　《齐物论》中的重要语词"众窍为虚"、"莫若以明"、"十日并出"都是开放心灵的
　　写照。

（二）整体与个体之间的关系：在庄子看来，宇宙间一切物象，生意盎然，各呈其能。然而个体存在显现出无比的差异性、对立性，又如何相互会通融合呢？因而阐扬个体生命价值的同时，个体间的相互交汇而互为主体，便是庄子进一步要思考的重要问题。以此，在肯定个体生命的生存意义与价值论述之后，庄子便接着论及个体的多样性与大道的整全性关系，他提出古典哲学中的一个极其重要的命题："道通为一。"让我们从这段文本语境意义中揭示其隐含的现代意义：

> 故为是举莛与楹，厉与西施，恢恑憰怪，道通为一。
> 唯达者知通为一，为是不用而寓诸庸。

上述文本，先从殊相讲到共相，而后又从共相讲到殊相。"恢恑憰怪，道通为一"，是说众多个体生命在宇宙大生命中相互会通；"为是不用而寓诸庸"，是说在宇宙大生命中，让无数的个体生命得以发挥各自独特的功能，而共同汇聚成为一个多彩的世界。

《齐物论》这"道通为一而寓诸庸"的哲理，对于全球化思潮冲击下的现代人，也有着诸多的启发：我们现在所处的世界，多达千百个不同历史文化、生活方式的民族，以及不同政治制度、社会价值的国家。从全球视野来看，世界上各色人等既已成为一个相互联系的整体，那么如何承认这殊异多样的文化载体？"道通为一"正是要不同族群，彼此之间能在同情了解的基础上进行对话与沟通，这正是庄子"道通为一"、"为是不用而寓诸庸"所提示的重要课题。

在《齐物论》后文，有一则瞿鹊子与长梧子的对话寓言，提出万物要"相尊"、"相蕴"。当今世界各族人群如何相互尊重,相互蕴含,这正是庄子寄齐于不齐的"齐物"精神。

四、异质对话

1993 年第十九届世界哲学大会,闭幕时郑重地宣布 1995 年为世界宽容年①。2003 年"9·11 事件"后,我们更加意识到当今全球化趋势的思潮下,不同国家、不同民族之间尤其需要"宽容"地进行异质文化的对话。

回顾我们自身的历史,一部中国哲学史,可以说常在不同学派之间进行异质性对话。中国哲学的开创期,道、儒、墨、法各家相互论辩,相互交汇。而哲学的开端,孔子和老子这两位儒道始祖的会谈,便已创下中国哲学史上不同学派间异质性对话的范例。

孔子和老子可以说是作为中国文化和中国哲学最具有代表性的人物,虽然学术观点不同②,但追求人生理想的方向正是殊途而同归。老子"尊道而贵德",孔子倡言"志于道,据于德",老、孔道德之旨,内涵虽异,层次有别,但都可互补而会通。诚如《汉书·艺文志》所说,诸子之言"相反而皆相成也"。

金岳霖先生在他的《论道》绪论中说,每一个文化区都有它的中坚思想,都有它最崇高的概念、最基本的动力。而中国的中坚思想就是"道"。"道"不仅是中国文化的核心观念,亦经由老庄而提升为中国哲学的最高范畴;两千年来历代哲学家莫不依循

① 滕守尧《对话理论》,台北扬智文化,1995 年,页 9。
② 如《吕氏春秋·不二》曰"老聃贵柔,孔子贵仁"。

着"道"这一中坚思想进行思考。

作为一切存在基础和宇宙秩序的"道",创始于老子,经由《庄子》扩而充之,有着两个重要面向的发展,其一,将老子客观实体意义的"道"提升为主体的精神境界;其二,将老子"玄之又玄"的形上之道,普化到人间,落实于人心①。

在《知北游》东郭子问道的对话中,庄子宣称"道"无所不在,并提出"道物无际"的学说。"道无所不在"的提法,对后代产生深远的影响,如佛教"草木成佛"说②、道教"一切含识,皆有道性"说③以及禅宗"担水砍柴,无非妙道"、泰州心学"百姓日用是道"等名言,皆导源于庄子。

老庄之"道"成为历代哲人所遵循的中坚思想,它具有多重的意涵,除了一般哲学上常提到"道"作为世界的本源和万物本根的意义之外,个人认为还有四点重要的意涵,那就是"道"的创生性、历程性、整全性和境界性,略说如下:

(一)就"道"的创生性而言,"道生万物"的思想最早由老子提出,庄子称"道"为"生生者",并赞赏这"生生"之道为"覆载天地,刻雕众形",乃大"仁"大"义"的艺术活动。《易传》使用"生生"来解释易道,正是承接庄子"生生者"的观念而来④。在

---

① 《人间世》曰:"唯道集虚。虚者,心斋也。""虚",喻空明清虚的心境。

② "草木成佛"为宋代天台知礼(960-1028)所提出的著名命题,此说与道家思想理脉相通(详见孙以楷主编《道家与中国哲学》宋代卷,北京人民出版社,2004年,页88-94)。

③ "一切含识,乃至畜生果生石者,皆有道性。"(孟安排《道教义枢·道性义》)

④ 《系辞》"天地之大德曰生",这思想观念也是来自《庄子》。(如《达生》曰:"天地者,万物之父母也。"《至乐》曰:"天地相合,万物皆化生。")天地生物之德及万物"化生"的思想,屡见于《庄》书而偶然出现于《易传》。

《老》、《庄》及《易传》三玄同一学脉思想的推动下,"生生不息"乃成为中华民族精神的象征。

(二)就"道"的境界性而言,个体生命在价值取向和活动领域上都有不同的范围,有的限于形躯我,有的推展到社会我,有的则由个体我扩广到宇宙我。儒家学说由个体我经家庭我而恪守社会我的责任。道家庄子则强调重视个体生命价值,由个体我提升到宇宙我。由此可以从长远的历史文化中,发现儒、道的互补性,例如庄子万物一体的境界到张载《西铭》中"民胞物与"的精神①,可以说蕴涵了墨子兼爱思想、庄子天人一气和孟子"老吾老、幼吾幼"伦理观思想的汇合,表现出多元观点的融合。

(三)就"道"的历程性与整全性而言,老庄视宇宙为一大化发育的过程;老子用"反者道之动"、"周行而不殆"来形容道体周而复始的变动性,庄子更从"万化而未始有极"来论说宇宙事物不停地流徙转化,神奇化为腐朽,"腐朽复化为神奇"(《知北游》)。庄子从"道"的历程性阐发宇宙的大化流行,又从道的整全性("道通为一")申说宇宙为一变动不息且彼此联系的整体。

以道观之,世界乃是一个生生不息的有机整体;天与人不是分离割裂的,形上与形下乃是相互贯通的联系体。在中国哲学史上,这一"道物无际"的有机整体的宇宙观,发端于老庄而经过历代无数哲人的补充发展,而形成中国哲学的中坚思想。

---

① 钱穆说:"《西铭》大理论,只说万物一体,其实此论并非儒家言。……孟子只主张一种人类同情心之推扩,并未说天地万物本属一体。……说万物一体者,为庄周与惠施。"(钱穆《濂溪百源横渠之理学》,收在《中国学术思想史论丛》(卷五),安徽教育出版社,2004年,页61-62)

东西方文化哲学,无论从世界观和人生观到社会制度和生活方式,的确存在很大的差异。自二十世纪以来,以"道"为核心的中国文化与以"Logos"为中心的西方哲学思维,从怀特海的时代到海德格和老庄思想的会通,开启了东西方异质性对话的通道。

1929年怀特海刚完成《过程与实在》,正在哈佛大学深造的贺麟先生和沈有鼎、谢幼伟一道访问他,怀特海关心中国人现在是否还读老子和孔子的典籍,因为依他看来:"文化是有继续性的,新文化的建立,是不能与古典的传统脱节的。"怀特海说,他的著作里面涵蕴着中国的天道观①。怀特海的有机体世界观及其批评西方传统哲学将"自然两极化"的观点,在方东美先生一系列的著述中有着显著而精辟的回应②。

当代西方哲学家海德格所受老庄概念的启发,为中西学者所乐道,在众多思想交流的议题中,我个人最欣赏的是海德格有关庄子"濠上观鱼"故事的诠释。海德格在1930年之前,已经读过《老子》和《庄子》,同年,他做了一次题为"真理的本质"的演讲,在这篇演讲的初稿中,海德格引用《老子》二十八章"知其白,守其黑",借以说明真理之遮蔽与开显的关系③。演讲的隔日,海德格在友人家中的一个讨论会上,讲到"共同存有"(mitsein)问题时,涉及到"一个人是否能站在他人立场去理解他人",这时海德格忽然想起庄子,向友人索取《庄子》的德文译本,

① 详见贺麟《怀特海》,收在《现代西方哲学讲演集》,人民出版社,1984年,页103。
② 参阅宛小平《方东美与中西哲学》第十三章《方东美与怀特海哲学》),安徽大学出版社,2008年,页207。
③ 参见钟振宇《德国哲学界之新道家诠释——以Heidegger与Wohlfar为例》,《中央大学人文学报》第三十四期,2008年,页37。

海德格当场读了《秋水》篇有关庄子和惠子对话中论"鱼之乐"的故事。由这故事,海德格让人理解到开敞的真理观,才能把握到真理的本质,真理的本质是自由的,是进入一种物我相忘的敞开之境(das Offne)①。

自海德格之后,已有不少欧陆哲学家对"西方中心论"进行反省思考,为东西方哲学对话奠定了良好的基础。由哲学对话落实到现实世界,当今在全球视域下的东西方文化,需要进行多层次的异质性对话。

在中西文化中,最能够在异质文化间进行对话的,莫过于庄子。《庄子》一书可以看到他不停地运用异质性的对话来表达人间哲理。

在中国异质文化交流的历史上,庄子的思想曾经起过良好的作用。佛学思想进入中土,道家有接引之功;庄、禅的会合更在隋唐产生了辉煌的文化成果;北宋儒学明确排斥佛老,却暗中援引庄子,无论在理论的建构和精神境界的提升上,都产生巨大的作用。今天,我们遇到了比佛儒更具有强烈异质色彩的西方文化,中西对话的工作,需要儒释道共同来承担②。而在承担之中,庄子思想最具关键性,因为他那开阔的心胸和审美的心境是我们的

① 引自赖贤宗《道家禅宗与海德格的交涉》,台北新文丰出版股份有限公司,2008年,页311。

② 近一世纪以来,由于人类的贪婪造成工业的污染,不断地毁损地球生命。所产生的后果,需要全人类来共同承担。事实上,两千多年前的庄子已经在"鲁侯养鸟"、"混沌之死"、"啮缺问王倪"等寓言中,指出"人类自我中心"导致于其他别种生命的漠视与侵害。在人类责任的共同承担之中,道家的生活智慧已不断地向世界传出它的声音。

这个世界最为欠缺的,他所具有的宇宙视野最能和全球化视域相对应,而他所倡导的自由精神和齐物思想则最具现代性的意义①。

（2009 年 7 月中旬台湾中国哲学会及辅仁大学哲学系主办"第十六届国际中国哲学大会",本文为 7 月 9 日"主题演讲"而作。7 月 1 日初稿,11 日修订,8 月 24 日修订完稿。）

---

① 本段文字为拙著《庄子今注今译》（中华书局,2009 年,页 7）"最新修订重排版序"中的一段话,作为本次主题发言的结束语。

道家的人文精神

——从诸子人文思潮及其渊源说起

前　言

先秦哲人老子、孔子、墨子、孟子、庄子、荀子、韩非子,在人文思潮激荡的文化整体中脱颖而出,恰像尼采形容苏格拉底之前的哲人,创造出一个惊人理想化的哲学群体,有如用"一块巨石凿出的群像"①。

不过学界人士思考文化哲学问题时常会呈现单一化的倾向,例如只要提到"人文"议题就将它归入儒家范围,而排斥其他各家各具不同的人文内涵。这种情况可能是学者们不自觉地受到魏晋"自然"与"名教"的划分所导致,误以为人文教化专属儒家,而道家则框入"自然"的范畴内。事实上,先秦时代,自然与教

① 尼采《希腊悲剧时代的哲学》,周国平译,商务印书馆,1994 年。

化、天道与人事（人道），两者相互涵摄，并不像东汉至魏晋时期那样尖锐对立。就以道家创始者老子来说，他常托天道以明人事，固然他首创形上道论，但他最终目的仍在于人道的重建，而且道家所崇尚的"自然"，并非物理的自然，乃是人文的自然。而且道家也不排斥教化，老庄提倡"不言之教"，乃是强调潜移默化，具有更深层的人格转移的功能。从思想层面来看，自春秋以来的老学到战国中期以后的庄学以及博采众长的黄老，其人文内涵的丰富，与儒墨名法诸家互放光芒。

　　本讲题拟论述这几项重点：（一）我们将中西哲学做一对比，立即发现到西方思想界无不以"上帝"作为一切价值的根源与准则。西方历代哲学家虽展现出高度的理性思维能力，但其思想体系的建构，总要搬出造物主来作为其理论的最后保证，自柏拉图以降，乃至康德、斯宾诺莎，无一能免于"幻影崇拜症"。一直要到十九世纪的尼采，才敢于宣称"上帝之死"。尼采一语中的地指出，西方传统哲学注入了过多的神学的血液①。相形之下，中国的文化传统和哲学精神则涌现出多样性的人文思潮②。中国

①　尼采说："我们整个哲学血管里具有神学者的血液。"（《反基督》第八节）
②　当人们提到人文思想时，也常互用"人文精神"与"人文主义"的语词。"人文精神"的语词，由"人文"与"精神"构成，最早出现在战国时代的典籍，"精神"一词为庄子所创，屡见于《庄》书；"人文"一词，见于老庄自然观影响下的《象传》。而"人文主义"的语词，则为西方 Humanitism 译语，近代欧洲文坛，以人论反对长期笼罩思想界的神本观念，提出个性解放的要求，肯定现实生活与人间幸福，从而否定教会宣扬来世说与禁欲主义，以及人一生下就有罪孽的教义；同时，人文主义提倡人与人之间的平等及自由意志，主张以人的品质决定人的地位。中国古代的"人文思想、人文精神"与西方近代的"人文主义"有许多相似的论点，但却有其不同的文化传统。本文仅限于论述中国先秦时期人文思想的渊源及其发展，且着重在道家这一条思想主线上。

哲学自老庄开始，便已将天神上帝的观念逐出其形上道论之中，使其人文思想在百家争鸣中尤具特色。（二）从世界文化史的视线来看，中国人文思想的产生，有它十分独特的历史地位。就以西方思想界而言，它们要到近代才出现对抗神本思想的"人文主义"和"人本主义"，而中国则早在公元前六世纪至公元前三世纪，就已涌现出作为先秦诸子时代精神的人文思潮。（三）道、儒、墨、法先秦诸子各自创构出不同思想形态的人文内涵，自春秋末至战国晚期汇成一股时代思潮。儒、墨、道、法诸家的人文思想，在文化领域内各放异彩，道家则把文化层面的人文思想，进而提升为哲学理论的人文精神。

一、哲学前期人本思想的滥觞

先秦诸子的人文思想在春秋战国之际交汇成一股强大的时代思潮，除了受到当时政治社会环境激发的主因之外，也有着长期酝酿的历史因素。于此，我们先探讨殷、周之际以降人本观念呈现的思想线索。

（一）殷周之际思想文化的两条主线

我在哲学系求学期间，在课堂上常听到方东美老师批评胡适写的中国古代哲学史是部断头史，只从诸子开端而未及追溯他们的思想渊源。因此，我在论及先秦诸子人文思潮时，曾费了许多时日探溯古代人文思潮形成的历史线索，从《诗》、《书》、《易》等典籍及《左传》、《国语》等文献中，理出哲学前期思想文化的两条主线：其一是周公至孔子伦理思考的人道观之形成过程。其二是自殷至周代自然义天道观的形成过程。老子则综合两者而将它们统摄在他的宇宙本体的道论中。兹分项简述如下：

1. 周公、孔子伦理思考的人道观之形成

中国文化有文字记录始于殷代，殷代出现一个在世界文化史上最具独特形态的宗教，那就是祖先崇拜。由祖先崇拜而产生宗法伦理的观念；在殷代卜辞中已发现"德"、"礼"、"孝"等字。殷人将"孝"作为一个德目，很值得我们注意。老子强调"孝慈"、孔子提倡"孝悌"，孝道观念最早可追溯到殷代以前。

殷人祖先崇拜促成宗法伦理观念的兴起，周代夺取殷政权后，文王的儿子周公旦则在文化上做出开创性地继承①，他一方面在天的信仰中将政治和道德结合，在"以德配天"的理论下，提出"敬德保民"的思想。另方面周公制礼作乐，建构一套完整的典章制度，即所谓"周礼"或"周公之典"，以"尊尊"、"亲亲"的伦理观念为支柱。"亲亲"主要讲家庭伦理，提倡亲属间发挥慈、孝、友、悌等德行；"尊尊"主要是宣扬臣民对君主的忠顺。

周公将殷人祖先崇拜的宗教信仰，转化为以血缘为基础的宗法制，又将宗法伦理观念纳入金字塔层阶的等级制中，形成一套君臣、父子、尊卑、贵贱的礼仪制度。周公的政治伦理化——宗法伦理之制度化的措施——对后代儒家及中国文化产生无比深远的影响。尼采说柏拉图是"先于基督的基督徒"，套用这话，我们也可以说周公是"先于儒家的儒家"。孔子的"梦周公"是不无道理的，他的德治思想基本上是沿袭周公所开创的理路。

---

① 请参看王国维《殷周制度论》，收在《王国维遗书》，上海古籍出版社，1983 年。

2. 殷周文化中自然义天道观的形成

殷人由祖先崇拜而呈现的宗法伦理观念,经周公之制礼作乐而制度化地普及于政治社会各阶层,这一条伦理中心思考的人道观,至孔子而愈加彰显。殷周之际,还出现另一条思想线索,那就是自然意义的天道观之萌芽,经周代伯阳父、叔兴等史官之阐释,至春秋末史官老聃而愈加突显。

殷人祖先崇拜所导出的宗法伦理观念之外,另一方面的文化成就就是对天文历算知识的掌握。讲科学史常先讲科技史,从出土和传世的青铜器之精美,无人不赞叹殷代器物文化之高度发展,殷人在这硬体文化之外的软体文化,令人惊讶! 殷代精密历法的发明,充分反映了殷人对自然知识的认识①,这开启了周代的天道观和自然观。兹举数则范例为说:

(1)虢文公以阴阳之气解说春雷发蛰虫动:《国语·周语》载,周宣王不行籍田之礼,卿士虢文公进谏时说到阴阳二气的作用。他说:"阳气俱蒸,土膏其动。"这是用阳气的上蒸来说明大地润泽土质松动。又说:"阴阳分布,震雷出滞。"这是用阴阳二气均衡分布,说到春雷发蛰虫动的情景。在这里,以阴阳与气的结合来解释事物变化的原因,此为中国古代思想史首见之文献记载。

(2)伯阳父以阴阳失秩解释地震:周幽王二年,西周的三川流域都发生地震。周大夫伯阳父认为阳气向上升,阴气向下沉,这是天地之气的正常秩序,而地震是由于天地之气失衡所致。他

---

① 大量出土的甲骨文,对"农业生产,天文气象,医药卫生,居住环境都有朴实地记述"。胡厚宣、胡振宇《殷商史》,页235-319,上海人民出版社,2003年。

说,阳气潜伏在下面不能升腾出来,阴气压迫使它不能蒸发,就会发生地震("阳伏而不能出,阴迫而不能蒸,于是有地震"),现在三川流域发生的地震,正是阳气失去正常的位置而被阴气压住所致("今三川实震,是阳失其所而镇阴也")。这是中国历史上最早以阴阳二气对立失调来说明自然现象变动原因的文献。

(3)叔兴以阴阳相互作用解释自然界的异常现象:《左传》僖公十六年记载,公元前644年春天,有玉块陨石坠落在宋国,原来是陨星。又有六只鹢鸟退着飞过宋国都城,原来是大风吹刮。宋襄公问周内史叔兴这两件事是吉是凶,什么预兆。叔兴认为国君问得不对,因为这是阴阳二气相互作用的结果,与人事吉凶无关,吉凶是由人的行为所决定的("是阴阳之事,非吉凶所在也。吉凶由人")。

以上数例可以见出先秦诸子之前自然义天道观隐然发展的一条线索,至老子自然观的形成而趋于成熟。其特点有这三端:

(1)消解人格化的天,使天道回归自然的本义:《老子》说:"天道无亲"(七十九章),这和"天地不仁"(五章)同义,都是说自然界的运行变化和人的意志愿望无关(王弼与河上公也都以天地"任自然"作注解)。老子不仅破除意志之天与主宰之天的观念,而且更进一步指出天并不具有道德行为。

(2)以天人视野突破伦理中心思想的局限:老子反对天人同类与天人感应说,但他并不主张天人之分离割裂,他著书五千言,中心议题在论治道,为了突破伦理中心思想的局限,他常以人事牵引天道,复托天道以明人事,他关切人道,但他并不将人的存在的问题从宇宙中抽离出来,这和"罕言天道"的孔子孤立地思考人间问题,在视角上的确有着悬殊的对比。在他的思维里,天人关系相互呼应,"天之道,利而不害;圣人之道,为而不争"(八十一章)。天道与人道相互涵摄,这是老子论述人生哲理的一个重要的思维方式。

(3)天道与人道统摄于形上之道:形上之道涵摄天道与人道,故而老子之道蕴涵天文运行之法则与人间社会之规准,如此则将殷周以来逐渐形成的人道观与天道观整合在他的形上之道的二条思想主线的理论体系中。

(二)西周人文思想萌芽及人本思想的出现

周公在政治上的重要建树,上述已提到他制礼作乐,制定一套完整的典章制度,他之完成分封制,营建东都成周,足以使他成为古代外王之道的典范。此处仅就他的天命观在古代思想史的意义,略述数语。

1. 周初天命观中的人文精神

周克殷,继承文化较高的殷礼,以周公为代表的王族,警惕天命无常(《诗·文王》:"天命靡常。"),上天难以信赖,维持王业是不容易的(《大明》:"天难斯忱,不易维王。")。周公的思想主要见于《尚书》①,《诗》、《书》同调,反映周公感悟到殷亡之鉴(《书·召诰》:"监于有殷。"),深刻体会到天命给与政权是有条件的,这条件就在于"敬德保民",因而他一方面呼吁统治者应加强道德修养,同时强调维持王业要在"保民"(《书·梓材》)。

---

① 周公思想见于《尚书》中《康诰》、《召诰》、《洛诰》、《多士》、《无逸》、《君奭》、《多方》、《立政》等篇。

而保民在于慎刑、用贤、上下勤恤。如此，天命给与的条件固然规范了为政的内容，反过来也规范了上天的性格，《周书·泰誓》所谓："天视自我民视，天听自我民听。"（《孟子·万章上》引）天意乃得由民意而表现，则天意的内容，也受到民意而规定了①。

周公天命观所表现的人文精神，可以用《尚书》中这两句话来概括——"天不可信"（《君奭》）、"民情大可见"《康诰》。其天命论中以见"民情"最为紧要，这是三千年前的周公给后人留下最珍贵的一项人文资产。

2. 西周末年以降人本思想的出现

西方近代人本主义是对抗神权而产生的，周代早熟的人本思想的出现，也基因于天神威权的失坠，而周人天帝信仰的起伏，与政治社会的盛衰治乱有着密切不可分的关系，这情景明显反映在《诗经》的众多诗篇中。

西周盛世时期，犹称颂上帝的伟大（《皇矣》："皇矣上帝，临下有赫。"）。但到周室末期，祸乱频仍，民困日逼，上帝遂被谴责为反覆无常（《菀柳》："上帝其蹈。"）。厉幽时代的上帝，在人民心中，疾威暴虐（《荡》："疾威上帝。"），实即是对人王形象的写照（如《十月之交》讽刺幽王曰："下民之孽，匪降自天。尊沓背憎，职竞由人。"）。周室东迁之后，神权之式微与王权之衰落成正比，神人的主从关系也起了颠覆性的变化，人本思想的出现，兹举以下数则划时代的言论为证：

---

① 陈鼓应《古代呼声·殷周时代官方思想概况》，台北德华出版社，1978 年。

（1）季梁提出民为神之主的观点

春秋初年,隋国大夫季梁在民神关系上提出突破性的新观点。他说:"所谓道,忠于民而信于神也。上思利民,忠也;祝史正辞,信也。"(《左传·桓公六年》)季梁以"忠"、"信"作为道(人道)的主要内容,这和老子以"忠信"作为"礼"的主要内涵是相通的①,不过季梁所提出的"信"是出于对"祝史矫举以祭"有感而发的。季梁论祀神的一段话提出两个十分重要的论点:一是以利民为忠,二是以民为主,神为从。他的话是这样说的:"上思利民,忠也";"夫民,神之主也。"后代儒道两家对"忠"的对象就有着不同方向的发展,由士而仕的儒者多朝忠君的方向作宣扬,道家则着眼于利民的方向来思考。在古代思想史上,季梁是第一位以"利民"为"忠"的在朝之士,这项政治伦理很具有现代意义。而以"民"为"神之主"的观点,亦为古代人本思想放出的第一道曙光。

（2）史嚚提出"神,依人而行"的观点

公元前662年,虢国盛传神灵下降。史嚚评论说:"国将兴,听于民;将亡,听于神。神……依人而行。"史嚚虽然不是无神论者,但却否定了神灵的主宰作用,这和季梁以民为神之主的观点是一致的。史嚚和季梁都表达了扫除神威的笼罩而走向以民意为归的意向,他们所显示的重民轻神思想,都是先秦诸子人文精神的思想渊源。

（3）子产天人相分的思想

公元前524年,郑国等多处发生火灾,大夫裨灶建议献国宝

---

① 《老子》三十八章提出礼的主要内涵是忠信,认为如果忠信不足则将导致祸乱（"夫礼者,忠信之薄,而乱之首"）。

禳灾,子产反对当时的灾变迷信活动,他认为天道神意渺茫不可信,社会人事却是切近的,这两者并不相联。子产从天人相分的观点,反对舍弃社会人事而求助于天神,为此他说出了这样的名言:"天道远,人道迩,非所及也。"(《左传·昭公十八年》)

以上论述显示出西周末至春秋时代,神权下坠与人本思想兴起的趋向。这段人本思想及人文精神演进的历史,可以说明孔子"敬鬼神而远之"言论的出现,由来有自;也可看出老子之道所以置于"象帝之先"的思想路痕。

从殷周至春秋时代是为哲学前期,哲学前期在人文思想的跃动中,老子及战国诸子群起而继承周文进行创造性地转化。

二、先秦诸子的时代精神:人文思潮的涌现

(一)道、儒、墨、法人文内涵之特点

先秦诸子在世界文化史上的特异之处,便是人文意识的高涨,人文思想成为先秦诸子的时代精神,而且诸子各自不同形态的人文思想激荡而为一股时代思潮。

先秦诸子不同形态的人文思想,兹举道、儒、墨、法诸家为例。

1. 老庄人文内涵的特点

揭开中国哲学序幕的老子,在道物关系的重要议题中,将文化上的人文思想引进哲学的领域,他从现象界进而探讨万物的本原与本根之道,并以"道"来丰富"物"的内涵。老子还提出"为学"与"为道"的两个途径,用以说明知识累积越多,对外在世界的认识越清楚("为学日益"),而主体修养则宜逐步减损一己主观的成见与贪欲("为道日损")。但"为学"与"为道"的关系,在

老子的思维中似乎成为难以衔接的两橛。到了庄子，提出道物不相离的主张（《知北游》云，道"无所不在"、"无乎逃物"。），庄子运用许多生动的寓言（如《养生主》"庖丁解牛"、《达生》"痀偻承蜩"、"梓庆为鐻"等寓言），描述人凭借专精的技艺可以呈现道境。这样将"为学"与"为道"的两橛状态联系起来，成为一条通向主体最高境界的通道。在庄子哲学的园地中，主体精神意境的提升及宇宙生命普遍流行的境界，大大地丰富了中国古代的人文世界。

2. 孔孟人文内涵的特点

与老子同时代而稍晚的孔子，虽未触及哲学上的重要议题，但在文化上对后世的影响，却无人及之。孔子继承周公旦"尊尊"、"亲亲"以及"敬德保民"的宗法伦理思想，倡导个人道德的自励及社群道德行为的发扬，孟子又继承孔子的人伦思路，而在激发人的道德力量上，更是沛然莫之能御。

"尊尊"、"亲亲"，作为支撑宗法封建社会的两大支柱，在社会层面，用以维系人心，使人际关系和睦相处，但在政治层面，则产生许多不合时宜的流弊，礼制（即宗法封建制度）主要包括分封制、世袭制及等级制。孔孟基本上是维护旧制，孔子主张"故旧不遗"（《论语·泰伯》），孟子也要保存"世臣"、"世禄"，宗法"亲亲"政治早已造成"少德而多宠"（《国语·周语上》）的现象。儒墨在阶级立场上确有着显著的差别，这就引起代表"国中之众，四鄙之萌人"、"农与工肆之人"的利益和愿望的墨派对儒家的思想保守性及其维护既得利益阶级的不合理性提出强烈的质疑。

3. 墨子人文内涵的特点

墨子指陈贵族血缘政治的弊端："王公大人骨肉之亲,无故富贵,面目美好者,则举之。"(《尚贤下》,下引同)"立便嬖以为左右,置宗族父兄故旧以为正长"。贵族专政凭着"骨肉之亲"就无端享受富贵,由这群人来主持经国大计,那就好比"瘖者而使为行人,聋者而使为乐师"。朝政上充塞着智能上的"躄瘖聋瞽"者,目睹这种"亲而不善"的政治现象,墨子提出尚贤使能的主张。他在"尚贤"的理论中,提出"官无常贵,民无终贱"这一划时代的口号。

墨子痛陈统治阶级"竭天下百姓之财用"(《非攻下》)、"亏夺民衣食之财"(《非乐上》)、"上不厌其乐,下不堪其苦"(《七患》)。放眼看我们生活的周遭,时至今日,"皇亲国戚"犹利用特权进行种种内线交易来搜刮民财,使权力核心沦为贪腐中心,这情景不能不令人感叹"世风日下"！墨子的揭弊精神中激荡着人道主义的呼声,而"兼爱"、"非攻"的学说,尤具有现代意义,墨子谴责霸权以强凌弱,频频发动残民的战争,"入其国家边境……堕其城郭……劲杀其万民,覆其老弱"(《非攻》),"杀人多必数于万,寡必数于千"(《非攻中》)。这幅惨景有如当今霸强入侵中东发动海湾战争的写照。

墨家打破"礼不下庶人"的局限,从维护"万民之利"的立场,扩大其爱物利人的社会基础,使得墨家人文精神所发出的光芒,在人道主义、民本思想及其倡导的博爱精神上,远胜于儒家。

4. 法家人文内涵的特点

诸子中法家最受争论,一部分是出于它在思想上的流弊,另部分是导因于儒者心态的曲解。法家的弊端不少①,举其要者,如立法权源于君主,又如由法令实施之求同一而导致思想上的整齐划一。

法由君主设立,这问题庄子已提出质疑,他指出人君凭己意制定法度(《庄子·应帝王》:"君人者以己出经式义度。")。这样去治理天下,就如同"涉海凿河,而使蚊负山"。法度条规的厘订应合于民心,这观点到汉代道家《淮南子》明确地提出,《淮南·主术》说:"法生于义,义生于众适,众适合于人心,此治之要也"。

法家思想的产生,有它时代的必然性。氏族社会组织已扩大为国家的社会组织。西周的礼制乃适应血缘关系为基础的氏族封建社会,但到战国时代,社会结构发生巨大变动,法制的普遍有效的实施,乃用以代替人治的礼制来维系人际关系及权力机构的运行。以此观之,法家与儒家在思想上多所对立,实代表着氏族社会与国家社会之厉行人治与法治之争。从史实来看,无论道、墨、法诸家无不对儒家德治主义之局限于权贵政治血缘之亲的相互施惠现象多所抨击,而法家之士尤多指责,如商鞅明确指出"亲亲而爱私","亲亲者,以私为道也"(《商君书·开塞》),儒家"亲亲为仁"在政治上常易流为权贵间私德之相授受。因而,在由氏族社会进入国家社会之后,宗法伦理所习以为常的"私德"和社群利益所维护的"公德",就在漫长的历史中随着人治与法治的起伏相互纠结与冲突。历代士人对儒家倡导的亲族"私德"多所肯定而对法家提倡的社会"公德"常缺乏同情地了解,这在学界中是普遍存在的现象。不过,无论如何法家所标举的法治精

① 参看拙作《法家思想述评》,收在《古代呼声》书中。

神,仍是人文世界中重要的文化资产,例如法家变古的思想(《韩非子·五蠹》),主张"必因人情"以立法,"去私曲就公法"(《有度》),倡"公利"(《八说》)、"明于公私之分"(《饰邪》),而"法不阿贵"、"刑过不避大臣"(《有度》),尤合于当今政治社会。

法家则将人文思想建立在法治基础上,打破"刑不上大夫"的特权庇护观念。人文寓于法治的精神,成为当今最具时代性的文化资产。

(二)诸子所关注的社会文化议题

先秦百家争鸣,在人文思想引导下各放异彩,所关注的议题及观点,举数端为例:

(一)人在宇宙中的地位:春秋时代,神权坠落,人本思想兴起,老子思想的出现,神人关系有着颠覆性地转换。他一面将神逐出"道"的理想园地中,同时将人的地位提升到宇宙间"四大"之一的地位(《老子》二十五章:"域中有四大,人居其一焉。")。庄子进一步将人的精神生命提高到天地境界(《庄子·天下》:"独与天地精神往来。")。庄子之后的荀子,则从道义的角度,肯定人"最为天下贵"。

(二)民本与人道的呼声:人的地位被高举的同时,人民的愿望与要求也被列为施政者首要的选项。老子呼吁治者当"以百姓心为心"(《老子》四十九章),孟子则更进一步提出跨时代的主张:"民为贵,社稷次之,君为轻。"(《孟子·尽心下》)这一民重君轻的思想千百年来震撼着古代东方社会。此外,先秦诸子的言行中无不对人类的处境与际遇流露出深切的人道关怀,而墨子对于战火中人群的悲惨的遭遇,尤为关切:百姓"饥寒冻馁疾病而转死沟壑中者,不可胜计也"(《非攻下》),"与其居处之不安,食饭之不时,饥饱之不节,百姓之道疾病而死者,不可胜数"(《非攻中》)。整部《墨子》字里行间尽皆人道呼声之呐喊!

(三)礼与法之辩:"礼"不只是指仪式,而由个人行为准则与社会规范扩大到典章制度的建构。西周所兴建的礼制是古代社会文化高度发展的体现,但随着时代的转移,这种以血缘关系为纽带的宗法制和以封建贵族为依归的等级制,其流弊就与时俱增。到春秋末,成为史书所谓"礼崩乐坏"的时代,法制的要求,也就应时而兴。政治上,礼、法的运作,在子产(约公元前580—前522)时代就引起过一场前所未有的言辩,子产"不毁乡校",开放言论以听取知识分子批评朝政;铸刑书,推动政治改革,引起守旧派的戒惧,晋大夫叔向对于郑国制定法律,把条文铸在鼎上的措施("铸刑书"),写信给子产说:"民知有辟,则不忌于上,并有争心……"(《左传·昭公六年》)。子产回说,"吾以救世也"。叔向担心老百姓知道有了法律,就会依法行事而不忌讳在上的官长,并且会依据法条来抗争。但不久叔向的晋国挡不住时代思潮,也要铸刑鼎,颁布范宣子所著刑书,这时孔子也十分不安地说:"百姓从鼎上的法律条文知道了犯法的情况,哪里还会尊崇贵族? 贵族还有什么家业可守? 贵贱没有等次,如何治理国家?"(《左传·昭二十九年》:"民在鼎矣,何以尊贵? 贵何业之守? 贵贱无序,何以为国。")不过,春秋战国之交,礼制的缺失各家都在进行检讨,如老子首先指出"礼"欠缺"忠信"的内涵(《老子》三十八章:"夫礼者,忠信之薄。"),《庄子》继此指出:"礼者,道之华而乱之首也。"(《知北游》)。墨子更指责儒家"繁饰礼乐以淫人,久丧伪哀以谩亲,立命缓贫而高浩居,倍(背)本弃事而安怠傲"(《墨子·非儒下》)。

儒家和法家在维护礼制和法制的立场上,各执一端。在礼和法从理论到运作的冲突中,采取两者兼顾态度的是黄老道家和荀子,黄老古佚书《黄帝四经》开宗明义便宣说:"道生法。"黄老将"法"引入老子的"道"论中,使法源的产生获得公平性、公正性、公开性的理论基础。稷下道家进一步将礼、法援引入道,一方面将道与礼、法关系视为道之体用关系①,另一方面将形上之"道"透过"德"而落实为人的价值要求,由之使"义"、"礼"、"法"等社会规范奠立了形上理论依据。其援引礼、法以入道曰:"礼者,因人之情,缘义之理……故事督乎法,法出乎权,权出乎道。"稷下道家视礼、法为道的延伸;在道的规则下,倡导法制与礼义教化的社会功能。受到稷下黄老深刻影响的荀子,"隆礼"的同时又提倡"重法",使礼与法的矛盾统一于治道。

先秦礼、法之争涉及到人治与法治的核心议题,这成为原始儒家与法家各派对立的症结所在。

孟子推崇德治,但把人治的典范化推到极致的地步,他描绘舜的孝行,却宣扬过度以致将孝道绝对化。他还勾画出"尧舜禹汤文武""圣人之世",成为韩愈和宋代理学家程颐等强烈排斥异端的道统说之始作俑者。孟子典范化的人治,受到庄子学派观点主义(perspectivism)的强烈质疑(《庄子》外、杂篇有诸多论述),庄子《逍遥游》也说出这样的话:"尘垢粃糠,将犹陶铸尧舜者也。"

---

① 参看拙著《稷下道家代表作——管子四篇诠释》,台北三民书局,2003 年页 138–144。

这具有打破儒家偶像主义的意义。孟子的圣人之治，说要五百年才有王者兴，那么这以外的日子，人民岂不都得在长夜漫漫中讨生活？只凭人治，总不免会落得"人存政举，人亡政息"的局面。因而人治与法治如何相配得宜，时至今日仍是令人深思的问题。

总之，先秦诸子的心思，无不着眼于人间世，无不具有浓厚的社会关怀，老庄也不例外。老子著书，要在言治道，即连庄子也提出"内圣外王之道"(《庄子·天下》)。"内圣外王"的理想，道出在那动荡不安的年代里，士人所怀抱的人间关怀及其社会责任感，而且也成为历代知识分子自我砥砺并克尽社会职能所憧憬的最高理念。总之，先秦诸子在人文关怀的思想指引下各抒己见而汇成一股时代的思潮。

诸子在人间性思考和社会关怀的前提下，讨论的议题多属于政治社会的范围，诸如战争与和平的问题，王霸以德以力问题，巩固君权与民心向背问题，维护"世臣"、"巨室"或维护"农与工肆之人"的立场问题，"开阡陌"与恢复井田制问题，义与利的问题，私德与公德问题，"爱有等差"与"爱无等差"问题等等。

孔、孟与墨翟、韩非诸家的言论内容，多属思想史或文化史课题。有些论点虽隐含哲学意涵，但其哲学问题意识尚未形成。哲学概念的形成往往有由隐含(implicit)到显明(explicit)的过程，而哲学问题的发展也常有由未显题化而趋于显题化，如《论语》谓："夫子之文章，可得而闻也；夫子之言性与天道，不可得而闻也。"(《公冶长》)"性"与"天道"为孔子思想观念中隐含性的题材，孔子未显题地(unthematic)隐含有"天道"思想，但尚未显题化加以正面讨论。要言之，孔子的人生观并未建立在宇宙论的基础上,就哲学观点而言,孔子不仅没有建立过形而上学的理论体系,他也从没有过这类哲学的问题意识。

三、孔子在文化上的人文思想与老子在哲学上的人文思考

汉魏之后,儒道两家在历史上长期取得中国文化和哲学的代表性地位。确切地说,儒家在文化上取得主流的地位,道家则在哲学上取得主干的地位。本文于此先陈述儒家学派的创始人孔子的德治主义之人文思想,而后在孔、老伦理思想的对比中,引出中国哲学开创者老子的人文思想如何由文化而提升到哲学理论的特色。

(一)孔子伦理中心的人文思想之特点及其局限性

孔子在哲学上的创见和理论建树虽然远不如老子,但他在文化上的影响却无人能及之。陈荣捷先生《中国哲学文献选编》第二章《孔子的人文主义》,便从哲学的立场来评论孔子在文化领域中的重要地位,他说:

> 如泛说孔子塑造了中国文化,这是毫无可疑的。然而,如缩小范围,说孔子也塑造了中国哲学的特质——亦即他决定了尔后中国哲学发展方向,或建立了中国哲学发展的模式——则似乎过度夸张。
>
> 孔子确是一传述者,但同时也是一创造者。就专业的知识而言,他不是一位哲学家。
>
> 孔子不是一位哲学家,但如果没有了他,中国哲学必然大异其趣。

荣捷先生肯定"孔子塑造了中国文化",但就专业哲学角度而言,认为"孔子并不是一位哲学家"。上述观点,颇为中肯。

目前我们学界对文化与哲学的区分大多混淆不清,哲学史家更常将《论语》记载孔子大量的文化内容混成哲学,方东美先生独排众议,认为《论语》只是"格言学"而未涉及形上学领域的重要哲学问题。他说:

> 《论语》这部书,就学问的分类而言,它既不是谈宇宙发生论或宇宙论的问题,又不谈本体论的纯理问题,也不谈超本体论的最后根本问题;而在价值方面也不谈包括道德价值、艺术价值、宗教价值等各种价值在内的普遍价值论。那么,《论语》就不能归类到任何"纯理哲学"的部门。它究竟算是什么学问呢? 就是根据实际人生的体验,用简短语言把它表达出来——所谓"格言"! ……这样学问称为"格言学"。

方先生是从专业哲学的观点,对《论语》做出上述的学问分类。《论语》虽然缺乏形上学的思考,但它对中国社会文化的影响却超过了任何典籍。我们将《论语》所表达出孔子的言行和西方伦理家对比,更能显示出它的特点。

苏格拉底和耶稣说得上是西方社会道德观念渊源的两大基石。与孔子伦理思考为主要内涵的人文思想相对比,耶稣的言行显然属于神本主义者,而苏格拉底虽不能划归为神本论者,但他高扬"神谕",声称一个神圣的声音所引导,坚信灵魂不朽,且不怀疑在另一个世界的生活将是幸福的生活(见柏拉图《申辩书》)。将苏格拉底和孔子相较,两者在"被神的蒙蔽"与"清除蒙蔽"有着显明的对比。显然，早约一百年的孔子所散发的人文精神远远要胜过苏格拉底。在人类还处于神权笼罩的时代，《论语》便记载说"子不语怪力乱神"（《述而》），这种理性思维的态度，虽然未及传达到西方，但在中国社会却产生深远的影响。孔子"敬鬼神而远之"（《雍也》）的态度，在中国思想界里也起着巨大的扫雾的社会功能。孔子还说"未知生，焉知死"（〈先进〉），可见在拨开蒙昧，耀射理智光芒的人文思考上，远非沉湎于神意指引中的苏格拉底能望其项背。

孔子思想突显于德性之知的领域。他的伦理思想最核心的是"仁"的学说，而一般学者所津津乐道的，就是他这两句金玉良言："己所不欲，勿施于人"（《颜渊》）；"己欲立而立人，己欲达而达人"（《雍也》）。出于仁心的推己及人，一直受到世人的赞扬。不过，推己者如果流于自我中心那就可能会造成《庄子》所警惕的"鲁侯养鸟"（《至乐》）和"浑沌之死"（《应帝王》）的后果。因而，我较欣赏《颜渊》篇中孔子另两句话："君子成人之美"、"四海之内，皆兄弟也"。

孔子和老子——儒道两位开端者——有其相似的人格特质：朴质无华。《论语》如此素朴地描述孔子：

> 饭疏食饮水，曲肱而枕之，乐亦在其中矣！不义而富且贵，于我如浮云。（《述而》）
> 发愤忘食，乐以忘忧，不知老之将至矣！（同上）

这是对孔子生活为人最真实的写照，云淡风清，平实中流露其超然物外的人格风范。而孔子"学而不厌，诲人不倦"（《述而》）的教学态度及其"有教无类"（《卫灵公》）的教育精神，使他被历代士人尊奉为至圣先师。

列居中国教育史上"亚圣"地位的孟子,其辩才无碍,但总给人气盛于理的感觉。相形之下,我更欣赏孔子所说"刚毅木讷近仁"(《子路》)。木讷中表现出的坚忍,使我十分赞赏孔子这两句话:"三军可夺帅也,匹夫不可夺志也"(《子罕》)、"岁寒然后知松柏之后凋也"(同上)。孟子雄辩滔滔中谈仁说义,但总给人勉强而被迫接受他的道德教训,相较起来,孔子的道德劝勉娓娓道来,平易中使人乐于接受。

孔子说:"君使臣以礼,臣事君以忠。"(《八佾》)孔子的道德观相对性较显著,而孟子"舍我其谁"的气概,难令人激赏,不过他借舜的偶像化形象将孝道推到非人性化的地步,不难窥见宋以后儒家道统化的身影!好在君臣关系上,孟子还是发挥了孔子的道德相对思想,如《孟子·离娄》曰:"君之视臣如手足,则臣视君如腹心;君之视臣如犬马,则臣视君如国人;君之视臣如草芥,则臣视君如寇雠。"这观点在古代专制政体中是罕见的。原始儒家道德相对主义,可惜到了宋明新儒家却质变而为道德绝对主义了①。

---

① 儒家自孟子以心性为道德之源,至北宋程颐因受佛、道本体论思想思潮的影响而提出"性乃理"之说,遂将道德之源的"心性"本体化而提到"理"一般高悬的位置,在"性即理"的主张下,一面将道德之源赋与永恒性、普遍性、绝对性的根基,同时又贬抑与生俱来的情欲。如此一来,将一个情理兼备的完整人格撕裂为欠缺血肉感的半边人。理学家道德泛化的弊害,到戴震才大声疾呼:"此理欲之辨,适成忍而杀人之具"。(《疏证·权下》)"古之言理也,就人之情欲求之,使之无疵之为理;今之言理也,离人情欲求之,使之忍而不顾之为理。此理欲之辨,适以穷天下之人尽转移为欺伪之人,为祸何可胜识!"戴震在指责宋儒以理杀人时,还说出这样的名言:"人死于法,犹有怜之者;死于理,其谁怜之?"(《疏证·理上》)

（二）孔、老人伦议题观念的交集

作为中国哲学之父的老子，和作为中国文化万世师表的孔子，两人处于同时代，在思想上是同源而异流。在文化同源与同时代人文思潮的影响下，从老聃自著的《老子》和门人记载孔子言行的《论语》中，可以看出老、孔的人伦思想有着许多同异之处，兹举数例为说。

1. 孔子讨论老子"报怨以德"的观点。

《论语·宪问》载："或曰'以德报怨'，何如？"子曰："何以报德？以直报怨，以德报德。"

《宪问》"或曰"，即是老子所说的话。这话见于通行本《老子》六十三章："大小多少，报怨以德。"这观点和《老子》四十九章与二十七章中的文义相一致，四十九章曰："善者，吾善之；不善者，吾亦善之；德善。信者，吾信之；不信者，吾亦信之；德信。"二十七章曰："圣人常善救人，故无弃人；常善救物，故无弃物。"这都流露出老子待人接物时宽容开豁的心胸。不过，孔子并不赞同"以德报怨"的观点，他主张"以直报怨，以德报德"。

如果根据当代老学学者陈柱和严灵峰两位的说法，六十三章"报怨以德"，和上下文并无关联，疑是七十九章的错简①，若移入该章首句则为："和大怨，必有馀怨，〔报怨以德，〕安可以为善？"其语境意义，则与孔子主张相近。

2. 老、孔有关仁与孝慈的观点

战国晚期学者论及诸子学说特点时，曾说："老聃贵柔，孔子

---

① 参看陈鼓应《老子注译及评介》第七十九章〔注释〕。

贵仁。"(《吕氏春秋·不二》)学界有人误以为老子是反伦理主义者,事实上老子除了倡导慈、俭、不争"三宝"(六十七章)之外,他对"仁"也给与高度的评价。通行本第八章,老子强调人与人交往要真诚相爱,因而提出"与善仁"之说。第三十八章说"上仁为之而无以为",这是说最高的仁体现爱的行为时出于内心自然的流露。庄子对于这层道德境界屡屡提及,例如《齐物论》说:"大道不称,大辩不言,大仁不仁。"庄子认为,最高层次的仁是没有偏爱的("大仁不仁",与《天运》"至仁无亲"同义)。《大宗师》曰:"吾师乎,𩐹万物而不为义,泽及万世而不为仁。"这里表述体道的精神:泽及万物却不自以为仁,调和万物却不自以为义,这正如《天地》所说:"端正而不知以为义,相爱而不知以为仁。"老庄主仁义的行径,出于人性自然,所谓"行而无迹"、"鸟行而无彰"(《天地》),不必彰扬自显,流于外表化形式化。

　　老子到庄子学派形成的一二百年间,原本用以维系社会人心的仁义道德,却反被统治阶级窃取而"守其盗贼之身"(《庄子·胠箧》),下引同)。庄子后学痛陈权力核心盗用仁义美名以修饰其"贪腐集团"的门面,《胠箧》篇写下了这则盛传至今的名言:"窃钩者诛,窃国者为诸侯,诸侯之门而仁义存焉。"圣智礼法原来用以防止邪恶势力而维护人民的安全,但盗骗者窃取大位的事例,在历史上经常出现,这时逆反现象就屡屡发生:"为之权衡以称之,则并与权衡而窃之;为之符玺以信之,则并符玺而窃之;为之仁义以矫之,则并仁义而窃之。"此中情景,环顾今日,犹历历在目。因而庄子学派愤激地发出斧底抽薪的言论:"绝圣弃知,大盗乃止;摘玉毁珠,小盗不起;……攘弃仁义而天下之德始亦同矣。"老子和孔子那时代,仁义圣智被治者窃用而工具化的情况,并不如庄子那时代严重,因而提出"与善仁"的主张。但这主张与通行本《老子》十九章"绝仁弃义"之说相互矛盾。一直到1998年5月北京文物出版社首次公布郭店楚墓竹简,世人才发现战国竹简《老子》摘抄本之文本为"绝智弃辩,民利百倍。绝巧弃利,盗贼无有。绝伪弃诈,民复孝慈"。"绝智弃辩"、"绝伪弃诈"近于祖本,可能在战国后期被传抄者篡改成"绝圣弃智"、"绝仁弃义",而篡改之迹,于《庄子·胠箧》可寻出它的思路脉络,是则《老子》通行本被妄改为"绝仁弃义"而与第八章"与善仁"观点相矛盾,老子弃绝仁义之说讹传至今已长达二千馀年的历史①。

在待人接物方面,老子提倡"善与仁,言善信",这和孔子的伦理核心观念正相一致。孔子说仁者"爱人"(《颜渊》),又说:"君子务本,本立而道生,孝弟也者,其为仁之本与!"(《学而》)孔子把"孝弟"视为"仁之本",这是殷代祖先崇拜至周代德治主义完成的宗法伦理之基石,孔子固然在"仁"的德行上有诸多新的阐发,但以"亲亲为仁"的观念却把"泛爱众"的界限缩小到宗族

---

① 古书传抄的过程,常出现被抄写者改动的现象,举《礼记·缁衣》被传抄者增改为例,战国楚墓出土,近年相继公布郭店本与上博本《缁衣》,我们将这两篇简书和传世本相对校,发现几点值得学界关注的事例:一是传世本《缁衣》被传抄者增加了约四百多字。二是简本《缁衣》引《诗》《书》而不及《易》。从先秦儒书中已充分显示原始儒家重《诗》《书》而轻《易》的传统,再从出土文献来看,更加证实战国竹简亦屡引《诗》《书》而不及《易》。三是简本《缁衣》每章段落体例一致,即开头"子曰",接着先引《诗》而后引《书》为助证。但传世本常将征引之《诗》《书》文句前后调动并多处增引《书》中文句,抄写者妄增一段文字云:"《易》:'不恒其德,或承之羞。恒其德贞,妇人吉,夫子凶。'"可证汉儒传抄时亦曾改动原典,若将出土简本和传世本相对比,便可发现通行本《老子》被抄写者改动的情况远不如今本《缁衣》严重。

的范围内。

老子曾将"仁"、"孝"并提,与孔子同中之异,则是将"仁义"纳入到他的形上道论中,从而扩大了仁义的立论基础。相当于通行本十八章的简、帛本曰:"大道废,安有仁义;六亲不和,安有孝慈。"其原意为仁义原本自然地融合于大道之中;孝慈自然地体现于六亲的和睦关系中,一如鱼之相忘于江湖①。

老子提出仁义蕴含在大道之中的观点,而"道"是"无所不在"(《庄子·知北游》),故而庄子说最高层次的仁爱是没有偏私的("大仁不仁")。老子在仁义观之外,还倡导"民复孝慈",老子对"孝慈"观念的强调,尤其具有特殊的意义,并由此可证他和孔子一样地继承着殷周文化中人际关系之人文化传统,不过,老子并不像孔子之执着于家庭伦理思考中心的局限,他在继承周文化传统的同时,在哲学上进行了前所未有地创造性的转化。

3. 老、孔皆主忠信

老子和孔子都强调主政者取信于民,人际交往要言而有信。孔子说:"主忠信,无友不如己者。"又说:"与朋友交,言而有信。"(《学而》)老子在倡导"三宝"等各种德行中,对于诚信问题最为关切。《老子》言"信"高达十五次之多,为诸德之首,如谓"言善信"、"轻诺必寡信"、"信言不美,美言不信",这些格言和孔子所说"与朋友交,言而有信",都已流传千古,铭刻在人心。

---

① 通行本十八章在安有"仁义"与"六亲不和"文中,衍出"智慧出,有大伪"两句,导致"仁义"与"大伪"对称,从而产生对仁义贬抑的解释,也带来对后一句肯定孝慈行为不一致的解说。郭店简本无"智慧出,有大伪",从整章结构上看较为确当——整章三个对等句,和十九章正相一致。参看拙文《道家的礼观》,收在拙著《老庄新论》(修订本),台北五南图书公司,2006 年。

　　老子认为"忠信"是礼制社会道德中最重要的德行；礼制缺乏忠信的内涵，祸乱就要发生（"礼者忠信不足，而乱之首"）。老子前后对"忠"的解释有着不同的阶层之分，一是利民之谓忠（如《左传·桓公六年》引季梁曰"上思利民，忠也"），二是臣民对国君的忠贞。后代儒者热衷仕途，越来越将忠诚的德行引向忠君的思路上，但对信实德行的倡导，则儒道各家并无阶层之分。老、孔所倡导的"忠信"，仍具有现代性意义。从"尽己之谓忠"，到"利民"之谓忠，正是今天最广为人知的"为人民服务"、"替百姓做实事"的意思；当今社会选举文化中的新贵多"言而无信"，背信已成为主政者最突出的政治性格特征，以致主政者的诚信问题成为民众最迫切期待的一项公共伦理。

　　在《老子》著作中，除了特意扬"三宝"（俭、慈、不争之德）及诚信之外，还对于容公、谦下、敦厚、朴实、质真、冲虚、守柔诸种德行也有生动的表述。要之，老子和孔子在伦理思想上，相互补充与会通之处甚多，表现了他们在周文的继承上的共同特点。老子在社会文化上的影响远不及孔子①，但他在哲学思维上却一跃而至于千仞高岗。因而，老子"以道观之"的人文思想，有着宇宙视野的开阔眼界与豁达胸襟的人文关怀，由是而开创出古代道家特殊形态的人文精神。

────────────

① 孔子在社会文化上的影响远胜于老子，走笔至此，各大媒体正报导国外学习汉语人数全球达三千多万，而海外各地纷纷以"孔子学院"为名称成立的教学单位已达百馀所，可证孔子在教育上的影响，至今犹远传不息。不过，客观地看待孔子本人的思想言论，他发扬周文而有所创新，但他的"创造转化"也只在文化领域，未及提升到哲学理论层次。

四、老子的人文世界

(一)"以道观之"的人文视角

老子是将文化层面的人文思考带进哲学领域的第一人。以宇宙规模来把握人的存在意义,是老庄理论思维的一大特色。

老子以道为人文世界存在活动之理论根据。首先,他推天道以明人事,为人道寻找出天道以作为其行事之依归,进而将天道与人道纳入其形上道论之中。

我们只要翻开《老子》第一章,它的多种哲学意涵就呈现在我们眼前,它开宗明义说:

> 道可道,非常道;名可名,非常名。
>
> 无名天地之始,有名万物之母。

可道之"道"是指可以用语言表述的道理,亦即意指现象界的存在样态及其运行之条理、法则;而常道之"道",乃指产生万物的本原及万物存在根据的形上之道。《老子》首章的这段话就隐含了如下这些重要的哲学问题:

(一)道物关系的哲学问题:道物关系的问题,也就是本体与现象关系的问题,世界哲学史上这一重要的问题,在中国哲学上由老子首先提出。

人在世间,不是无头无根的存在,老子的道论便是为人的存在,寻求他存在的根源;为人的活动,寻出个活动的根据。

老庄的"道"论便是给"物"的世界以人文化的哲学;以"道"来提升人文精神境界的哲学。先秦之后,老庄哲学中的道物关系问题的理论,一直成为两千多年来中国哲学的一条主线①。

(二)世界本原的哲学问题:中、西、印度三大哲学系统,揭开了古代世界哲学序幕的,就是有关世界本原的问题。我们所熟知的希腊哲学史上第一个哲学家泰利斯,提出水是万物本原的哲学问题和答案,而老子则提出"无""有"是万物之始。"无"是喻"道"的无形、无限性,"有"是喻"道"的实存性,以此老子提出比水更抽象的道作为世界的本原。在道家本源、本根及本体思维的指引下,使人们从表象中寻求实象,从显象中探讨隐象,从而深化了人文世界的内涵。

(三)道体之不可言说性的哲学问题:老子说,"名可名,非常名",这里涉及到本体(道体)之不可言说性的问题。

老子首章提到语言的功能及其限度问题,庄子进一步突出言意关系问题,认为在人文世界中语言文字是沟通彼此思想感情的重要渠道(《天道》:"世之所贵道者,书也,书不过语,语有贵也。语之所贵者,意也。")。但进入到道的领域(本体界),就会"言不尽意"(《天道》:"意之所随者,不可言传也。")。

有关名言问题,由老子揭示经庄子开显至魏晋玄学而形成"言意之辩"的重要议题,古人所谓"词约旨达"、"寄言出意",莫不在运用语言文字的神妙功能进而探寻其深层的意蕴。道家所揭示的言意议题,促使历代诗人哲人及艺术家层出不穷地去开拓不同形态的精神意境。

老子由道体之不可言说性,引申到政治人生领域里的另一个

① 参看陈鼓应《论道与物关系问题:中国哲学史上的一条主线》,《台大文史哲学报》第 62 期,2005 年。

议题："不言之教"——强调教化中潜移默化的作用,经庄子还提出"得意忘言"之说——强调"言外之意",透过语言的媒介或超出言语之表而直达人生之真谛。

我们只要翻开《老子》的第一页,就可看到它由文化而进入到哲学的理论思维。作为中国哲学之父的老子,从"物"的世界中建立起"道"论,以道作为人文世界的本原和本根,从而开创了中国的本根论和宇宙论。相形之下,孔子的伦理思想主要是停留在文化的层面,终其一生没有过宇宙本原论和宇宙生成论的问题意识,当然他更没有过形上本根论、本体论的思想观念[1]。故而原始儒家在宇宙人生问题上,总缺乏根源性的哲学探究,和道家相较,其人文精神亦嫌单薄而缺乏深度。

(二)宇宙视野的人文关怀

老子首创中国宇宙论,并将人间关怀之诸种思考纳入他的宇宙视野之中。

子产说,天道太遥远了,人道却是切近的。遥远的,我们捉摸不到。孔子正是继承这种思想,谈人道而不谈及天道。但老子则在他的哲学系统中,托天道以彰显人道,并将天道与人道统摄于其形上道论之中。

老子以道涵摄天人关系,庄子继之。道家思想的天人视

---

[1]　冯友兰《中国哲学史》首编《子学时代》,虽然错误地将孔子置于中国哲学史"开山之地位",但他论及孔子学说时,仅就"孔子对于中国文化之贡献"有所申说,对于孔子在哲学上的思想关联,则无一语道及。冯先生谓孔子颇似苏格拉底,"他对于宇宙问题,无有兴趣"。在冯著《绪论》中说:"宇宙论与人生论,相即不离,有密切之关系。哲学之人生论,皆根据于其宇宙论。"依此,孔子从未能"根据于其宇宙论"而建立其人生论。

野,开启了中国特殊的人文意境。我们从形上之道落实到人文世界所产生的几种重要意涵,分别申说如下。

1. 道为宇宙生命的人文意涵

老子说万物是由道所创生的(《老子》五十一章:"道生之,德畜之。")。道创生万物又内在于万物而成为其本性("德")。道家认为道是万物生命的创生者,因而庄子称它为"造化"、"造物者"(《庄子·大宗师》)。以此,老庄之道,要在丰富人的生命内涵,提升人的精神境界。

老子的"为道",一面减损生命各个面向的阻力(如私心、偏见),一面发挥自身生命的动力。老子的为道,施之于人生的积极面则可与尼采的创造力意志相会通,例如《老子》五十九章重点讨论"啬","啬"是爱惜、保养的意思,可以用储蓄生命的意志、能量或动力来诠释它。该章之文意谓:"治国养生,没有比储蓄能更为重要。储蓄生命能量,乃是早作准备;早作准备就是不断地累积生命的动力;不断累积生命的动力,就没有什么不能克服胜任的。生命意志力的无所不克就无法估计他的能量。"①

老子认为道体是恒动的,它"周行而不殆"(二十五章),"绵绵若存,用之不勤"(六章),故施之于天道,则"天行健";施之于人道,则"自强不息"。老子认为道所弥满的天地,有如冶铸的风箱,"虚而不竭,动而愈出"(五章)。故而宇宙生命的"动而愈出",便赋予人类以生生不息的创造因子。老子还说:"强行者有

---

① 《老子》五十九章云:"治人事天,莫若啬。夫唯啬,是谓早服;早服谓之重积德;重积德则无不克;无不克则莫知其极。"详细注解请参看拙著《老子今注今译及评介》。

志,自胜者强。"(三十三章)这是说努力不懈的人就是有充沛意志力的表现。这使我想到尼采所说的:超人就是不断地发挥自己的潜能意志、冲创意志来提升自我的人,而老子的"自胜者强",也正是这意思。

2. 道为万物本根的人文意涵

老子的本根论①运用到生命场所,有牝母创生说与归根复命说,如《老子》六章提出牝母创生说:"谷神不死,是谓玄牝。玄牝之门,是谓天地根,绵绵若存,用之不勤。"这里老子以道为"天地根",谓道体虚通,有如深微的母性具有神妙的生殖力,其孕育万物生生不息,作用无穷。《老子》十六章又提出归根储蓄能量说:"万物并作,吾以观复。夫物芸芸,各复归其根。归根曰静,静曰复命。"这里所说"归根""复命",乃意指宇宙万有之生命,经历终则又始之活动过程。"复命",即是回归生命本根处储蓄能量而更新再始。归根复命说,在近年公布的上博战国楚简《恒先》中有新的提示。《恒先》提出"生其所欲"、"复其所欲"的观点,前者认为欲望为生命之源动力,后者强调生命动力的更新再始不竭地涌现②。

本根论运用到人生修养,老子说:"深根固柢,长生久视之

---

① 作为万物存在依据的本根论,创始于《老子》,中国哲学至魏晋时代的王弼,乃将两汉以生成论与构成论为主流的宇宙论转到本体论方向。自王弼至郭象,虽然对于形上与形下的"有""无"义涵有着不同的诠释,但魏晋玄学家们所突显的本体论的思维方式,也都直接影响到宋明而成为理学和心学之形上理论建构的支柱。

② 参看拙文《楚简〈恒先〉之宇宙演化论及异性复欲说》,收在《老庄新论》(修订本)。

道。"此说为后代养生论者奉为圭臬；后代道教之护养精、气、神，此说尤被广为流传。而庄子所说"深根宁极而待，此存身之道也"（《庄子·缮性》），则着重在涵养生命的智慧以自处与应世。

道家的本根论，落实到人文世界，从个体生命到民族生命都有着深远的影响。生命之根，为创造力的泉源，创发力的动因；归根为承接民族文化之历史洪流，为安顿个体的心灵故乡。

3. 道性自然的人文意涵

老子以道提升人在天地间的地位，并提出"道法自然"的名言。老子以道性"自然"，又说"道常无为"①。由是，"自然""无为"成为老子思想最高指导原则。长期以来，人们论及老子，多认他以自然为宗，以无为为旨。的确，道的自然性和道的无为性格落实到人文世界有其特殊意义，我们先从"道法自然"中人文自然的意义说起，首先要来明白其文本的语境意义，《老子》二十五章有这样的一段重要观点：

> 故道大，天大，地大，人亦大。域中有四大，而人居其一焉。人法地，地法天，天法道，道法自然。

老子认为宇宙中有四大，把人列为四大之一。如此突出人在宇宙中的地位，这在中国思想史上尚属首见。

在古人眼中，天地是万物的父母，天如此其高大，正如《论

---

① 通行本《老子》三十七章"道常无为而无不为"，帛书甲、乙本作"道恒无名"，郭店简本作"道恒无为"，以简本为是。依简本，本章文句中出现"……无为……自化"语词，与五十七章"我无为，而民自化"正相一致。

语》所形容:"巍巍乎,唯天为大!"(《泰伯》)"天之不可阶而升也。"(《子张》)老子将人提到天地般大的位置,乃是就人能发挥他的精神生命与思想生命而言。人的地位的高扬,历代道家多所言及,如列子说:"天生万物,唯人为贵。"(《列子·天瑞》)《淮南子·天文》说:"跂行喙息,莫贵于人。"向秀《难养生论》说:"夫人受形于造化,与万物并存,有生之最灵者也。"

老子说:"人法地,地法天,天法道,道法自然。"这里,我们依老庄哲学中的道、物两个层次来解说,天地乃属于"物"的范围,因此我们先讨论人法天地的意涵,而后再讨论人法道及"道法自然"的意涵。天地的特点,在《老子》文本中曾推崇"天长地久"(七章)、天清地宁(三十九章)以及天地本根说(六章)与母源说(一章、二十五章),这是人所效法于天地者的一个面向。依庄子的观点,人之法天地者,其一为法天之高远与地之厚重①,其二为法天之跃动流行与地之静定安稳②。至于庄子所谓"天地与我并生,而万物与我为一"(《齐物论》),这是道家所说的"天地精神"所达到的最高境界③。

"法道",要在提升人的精神境界。人法天地进而法道,便是人的生命境界由天地精神而提升到无限性的宇宙精神的进程。而老子谓"道法自然",就是河上公注所说的"道性自然"。所谓道性自然,借庄子的观点来说,道是自本自根、自为自成的④。以

---

① 《庄子·田子方》曰:"若天之自高,地之自厚。"
② 《天道》:"其动也天,其静也地。"《天运》:"天其运乎? 地其处乎?"
③ 《庄子·天下》云:"独与天地精神往来。"
④ 道是"自本自根",见《庄子·大宗师》;"自为",见《天地》《天道》。

此,道性自然是彰显道的自主性、自为性,人法道的自然性,实即
发挥人内在本有的自发性、自由性。因而道性自然以及人分有道
的自然性,这学说有它这些特殊的意义:(1)伸张人的自由性:自
人之法道而言,道性"自然"——自己如此,人法道即法其自性;
道也者,自由国度,人法其自性,则人人处于自由自在的精神乐
园。(2)顺任人的本然性:自道之生物而言,道创生万物,即赋
予各个生命以殊异性。《老子》曰:"道生之,德畜之……道之
尊,德之贵,夫莫之命而常自然。"(五十一章)道的精神之可贵
处,就在于"莫之命而常自然"——不干涉人,让每个人顺任他
们的本然性去塑造自己。(3)发挥人的创造意志并收敛占有的
欲意:老子在通过道而畅述人的自主性、自发性的同时,也一再
提示人们当发挥自己的创造意志并收敛一己占有的意欲。如
上引《老子》五十一章文句:"道生之……莫之命而常自然。"此
谓道具有创生的功能,但并不施展它的主宰意志。后文便明确
强调道赋予人文世界以这种精神:"生而不有,为而不恃,长而
不宰,是谓玄德。""德"是指人文世界中个体生命所持有的特质
与能力,不同的人具有不同的性分与能量,要在各自发挥一己
的创造力量而收敛份外的占有冲动。《老子》一书,由形上之道
统贯到人文世界时,反覆告示人们要伸张"生而不有,长而不
宰"的精神①。

　　"生而不有"、"为而不争"、"功成而弗居",这些名言所涵养

---

① 　如通行本《老子》二章云:"生而不有,为而不恃,功成而弗居";三章云"为无为";
　　十章与五十一章云"生而不有,为而不恃,长而不宰";三十四章云"功成而不有,
　　衣养万物而不为主";八十一章云"利而不害"、"为而不争"。

的意义,可说是老子人生哲学最积极也最为现代生活所需要的文化遗产。

五、庄子的人文世界

前文从老子和孔子伦理思想的对比中,由文化的孔子引出哲学的老子;这里则试图从庄子对老子哲学的转化与发展,引出庄子人文思想的深度及其特异处。

(一)庄子对老子之无及无为的转化

如果我们将哲学分为概念形态和想象形态的类别,那么可以说《老子》是属于概念哲学,《庄子》则属于想象哲学。老庄虽属道家阵营,但在文体质貌和哲学精神上,都表现出迥然不同的风格。中国哲学创始者老子的重要学说,都为其后继者(如庄子、黄老派)所继承而发展,举其要者如道德、有无、自然无为等学说,在庄学中都有着深刻的转化。兹举数端为说。

1. 老子道体之"无"转化而为精神境界之无限性开展

"有""无"成为中国哲学中独特的一对范畴,创始于老子。《老子》书中,从本体界与现象界二个不同的层次分别说起"有""无",一是指形上道体的实存性("有")和道体的无形、无限性("无");另一是指现象界的显相和隐相,或物象中的形积和虚空,两者对待形成相反相成的关系("有无相生")。庄子对老子的"无"有所继承,但做了更多的转化。

《老子》通行本四十章出现这样的一句名言:"天下万物生于有,有生于无。""有生于无"之说,激发人们无中生有的创造意志和创业精神,庄子也承继了这层观念,故称道为"生生者"①。

　　庄子对老子的"有""无"(尤其是"无")做了这几层意义的转化:(1)庄子突显道体之"无"而隐含性地将"有"释为万有。如〈天地〉论及万物之生成过程曰:"泰初有'无',无有无名。""泰初有'无'",是突出道体的无形无名之状,"无有无名",将"有"与"名"并举,这就将老子原本作为道体之"有",下降为万有,此为王弼以本末、母子、体用说"无""有"之先声②。这属于专业哲学的议题,且按不表。(2)庄子将老子本原论或生成论之"无""有",转化而为时空无限性延展。如《齐物论》云:"有始也者,有未始有始也者,有未始有夫未始有始也者。有有也者,有无也者,有未始有无也者,有未始有夫未始有无也者。"从这段话的语境意义来看,它并不是要讨论宇宙起源的问题③,而是借老子的哲学议题,并打破他那以"无"为"始"的概念,上溯于"无无"之"未始",从而拉开一个无穷无限的时空观点。在中国哲学史上,庄

---

①　"生生者"见于《大宗师》。《天地》云,"泰初有无……物得以生……留动而生物",亦论及"无"之创生义。

②　王弼以本体界与现象界来诠释老子的"无""有"范畴,并以本体界为现象界之本根而提出"以无为本"之说,其说引来魏晋贵无派与崇有派之别,至宋代周敦颐《太极图说》谓"自无极而为太极",朱熹更改周文为"无极而太极",但仍引起心学派陆九渊等评为此乃老学之旨,心学与理学两派的争议,均肇因于王弼解老所延伸之"以无为本"说,然王弼以"无""有"分形上与形器两界,并不合《老子》原义。请参看拙文《论道与物关系问题:中国哲学史上的一条主线》,载《台大文史哲学报》第 62 期,2005 年。

③　庄子和老子在这问题上的不同点在于,他不像老子开篇便提出世界本原的问题和答案(《老子》第一章:"无名天地之始,有名万物之母。"),庄子的态度是"六合之外,圣人存而不论"(《齐物论》),"言之所尽,知之所至,极物而已。睹道之人,不随其所废,不原其所起,此议之所止"(《则阳》)。

子是第一个向世人昭示宇宙是无始无终的哲学家①。庄子打开
无限性的宇宙观,意在起人心胸,拓人眼界,开阔人的思想空间。
(3)庄子将老子宇宙本体之"无"转化而为主体之最高精神境界。
如《知北游》借"光曜问无有"的寓言说:"予能有无矣,而未能无
无也;及为无有矣,何从至此哉!"这寓言以"有"、"无"、"无无"
写人的三层精神境界。人在现实世界,会受到许多有形条件和无
限因素的限制,庄子以为从"有"到"无",虽能免于各种有形条件
的拘锁,但却不能免于许多无形因素的束缚,所以人的精神还得
往上提升到"无无"的境界。

从老、庄对"无"的概念内涵的转化,显示庄子哲学精神已渐
渐由老子的"实有形态"转向提升主体生命的"境界形态"。庄子
的境界哲学不仅是先秦诸子思想的最高峰,他所展现的精神境
界,也深远地启迪了后代有高远见地的诗人、文学家与哲学家。

2. 治道的"无为"转化而为安然适意的生活情境

在中国历史上,也可能是世界历史上,老子是最早的一位看
出绝对权力的为害性。"无为"的呼声,正是他对掌权者毋擅权
妄为所发出的切中时弊的警惕。

"无为"是老子治道中最具有代表性的学说。老子还倡道
"柔弱"、"不争"、处下、居后诸德,这些都是无为之写状。从历史
和现实的审视中,老子看出战争频仍不绝,给人类带来深重的灾
难,其祸根便在于统治集团的扩权,针对权势阶级的滥权作风,老

---

① 《庄子》书中反覆强调宇宙的无始无终。如《秋水》云"道无终始,物有死生";《知
北游》曰"无古无今,无始无终";《则阳》曰"与物无终无始,无几无时";《天下》
云"上与造物者游,下与外死生无终始者为友"。

子乃提出限制君权的"无为"主张。

　　从《老》书语脉意义看,"无为"的呼声全是针对治者而发①,它与治者之勿扰民、"毋独为"②为同义语。老子还一再将治者"无为"和人民的"自化"并提③。这种限制君权而给人民留有更大活动空间以自我化育的主张,是为"古代民主"思想之萌芽,比起孔子"民可使由之,不可使知之"的观念,实不可同日而语。

　　老子和孔子死后一百多年才出生的庄子时代,统治集团的贪婪背信而罔顾民意,已经到了不可与之言的地步,作为知识分子的发言者庄子,和作为史官发言人的老子,在立言的立场上有着巨大的不同。庄子不再像老子那样向掌权者建言,转而向士人、百姓对话,老子"无为"这一重要的术语,也被淡化了它的政治内涵,庄子将它转化而为个体生命所能达到逍遥自适的心境或精神境界④。

　　"自然"的概念也和"无为"一样,庄子将它朝向更具人文精神的方向上转化。以《庄子》内篇为例,庄子将老子政治哲学中最重要的"自然""无为"的学说,内化到他的精神世界,和个体生命之心境结合。

---

① 《老》书言"无为",多达十三见。老子将"无为"提到道的理论高度(三十七章),而后全面落实到权力核心的问题焦点上。

② "毋独为"语见《鹖冠子·道端》,其言曰:"天下之事,非一人之所能独知也,海水广大,非独仰一川之流也。是以明主之治也,急于求人,弗独为也。"

③ 《老子》三十七章将侯王"无为"与万物"自化"相联系,五十七章再度明确地呼吁治者"我无为而民自化"。

④ 如《庄子》内篇提到"无为"的概念仅三次,均以个体心境之"逍遥"来描写"无为"之情状。外杂篇出现多次无为,但也以描述心境为主要意涵,如《在宥》曰:"从容无为";《天运》曰:"逍遥无为也";《知北游》谓:"天地有大美……是故至人无为,圣人不作,观于天地之谓也",是则"无为"成为至人高度修养的审美心境。

　　先秦道家所说"自然"①有这三层意涵：一为物理的自然，二为人文的自然，三为境界的自然。老庄言自然，多属人文自然，即意指人的自性的发挥，这层意涵庄子表现得尤为显明。庄子强调无论治身或治国都当顺着人的本性而行事②。老子由道性自然，说到人的自我化育；庄子则将"自然"引向人类的本性，再由人的本性导出任性、任情与安性、安情两途③，前者属于人文自然，后者则属于境界自然。在人物自性的议题上，老子仅着意于"自化"，而庄子则"自化"之外④，畅言自为、自适、自得、自乐⑤，则其自性的发挥，已由人文的自然提升到境界的自然了！

　　当人们一提起老庄，立即就将他们和"自然无为"联在一起，实则由老到庄自然无为的意涵，远超出一般人的理解而具有它的特殊的时代意义。要言之，其张扬人的本性，伸张人的自主性、自由性，代表着庄子那时代人类主体意识觉醒的呼声，也曾激起无数知识分子自觉心灵的回响。

---

① 汉魏以后，"自然"学说更被突显，例如东汉王充以道家自然观对抗儒家神学目的论，魏晋新道家则以"自然"抗击儒家"名教"，"自然"成为汉魏道家重要的思想武器，此处仅就老庄观点而言。

② 《庄子》内篇"自然"概念二见，一指治身，《德充符》说，"常因自然而不益生"；一指治国，《应帝王》说："汝游心于淡，合气于漠，顺物自然，而无容私焉，而天下治矣。"两处所谈"自然"，都是强调顺任人的本性而为。

③ 《骈拇》云"任其性命之情"，《在宥》则云"安其性命之情"。

④ 《老子》的"自化"，其意涵属于政治教化范畴（见三十七章与五十七章），庄子则意指万物无时无刻不在变化之中，不仅外在环境在不断变动着，人物自身的内在因素也在变化不息之中，如《秋水》云："物之生也，若骤若驰，无动而不变，无时而不移。……夫固将自化。"此处"自化"乃属宇宙变动观中的一个概念。

⑤ "自为"，见《天地》、《天道》；"自适"，见《骈拇》；"自得"，见《骈拇》、《天地》、《秋水》、《让王》；"自乐"，见《让王》。

(二)"为学"通向"为道"的途径

庄子对老子诸多理念的转化,最重要的莫过于对道论的补充与发展,其中有关道物关系的理论建构尤为关键①。

庄子将老子作为本原、本体的道,巧妙地转化而为主体生命的精神境界,将老子"为学"与"为道"之不相挂搭的两橛化关系建立起一条通道。从这一论题上,我们可以看出庄学对老学的转化与提升,更可看到庄学在人文世界中所展现的异彩。

1. 积厚致远与心传道境

在道物关系上,老子提出了两个重要的命题:"为学日益"、"为道日损"。对物的认识活动,称之"为学";对道的体认活动,称之"为道"。为学要日益,是说对外在世界("物")探讨所得的知识,越累积越增多;为道要日损是说精神境界("道")的修养,主观成见与贪欲就越来越少。"为学"与"为道",可能说的是两回事②。但两者是否可以相辅相成呢? 为学是否有助于为道呢?

---

① 举其要者如:(1)庄子提出气化论以弥补老子万物生成论过于笼统。庄子并以"气"的聚散来说明人类万物的生死。(2)庄子提出"理"的范畴来说明万物的存在样态和法则。庄子还提出"万物殊理","道者为之公"的命题,此命题为宋代理学之"理一分殊"思想之渊源。(3)庄子将高远而"玄之又玄"的道落实到人间世,并提出"道通为一"(《齐物论》),道"无所不在","无乎逃物"(《知北游》),使道物不相离。这观点长远地影响了汉魏以至宋明的历代哲学家。庄子的宇宙整体观,和西方二元分裂的世界观正成对比。(4)庄子不仅将道落实到人间,而且和人心做了紧密的结合。道聚于心;心呈道境(《人间世》:"心斋。")。这为庄子境界哲学的特色,而老子所未及见。心以致学而臻至心以传道,是为庄学补救老学"绝学无忧"所导致的严重缺失,本文此处只阐述这一论题,其馀上述有关庄子道"气"、道"理"等观点,详见拙文《论道与物关系问题:中国哲学史上的一条主线》。

② 冯友兰《中国哲学史新编》说:"《老子》并不完全不要知识,所以它还要用观的方法去求外界的知识。……为道所得的是一种精神境界,为学所得的是知识的累积,这是两回事。"

老子这里留有很大的解释空间，然而另一处老子竟说"绝学无忧"，这话是在通行本二十章开头说的，其语境意义不明，孤立地看"绝学无忧"这话，很容易使人产生老子扬"道"抑"学"的主张①。老子在人文教化理论上的不足，我们可以在庄子的世界中获得新的领悟与理解。

经验世界里，人们必须通过学习才能获得知识，通过实践才能增进技艺，为学日益则积厚之功愈深。翻开《庄子》，开篇所创构的鲲鹏寓言，便提示人们需经一番积厚之功，乃能鹏程万里以致远。如《逍遥游》所说："水之积也不厚，则其负大舟也无力；……风之积也不厚，则其负大翼也无力。"溟海水积之厚，巨鲲乃得以深蓄厚养；太空风积之厚，大鹏乃得以展翅高飞。故而庄子又说："适百里者，宿春粮；适千里者，三月聚粮。"人生历程如长途跋涉，"为学日益"，始能积厚致远，所以庄子断言："小知不及大知。"

"为学日益"，才能培养成"大知"。《秋水》说："是故大知观于远近，知量无穷；……知时无止；……知分无常也。"大知有如此之心胸，如此之眼界，才能步向道境。那么，"道"可传可得吗？庄子的答案是肯定的。

老子费了许多心思描述道体之"惟恍惟惚"（如《老子十四章、二十一章等处》，庄子仅在《大宗师》偶而如此言及："夫道，有情有信，无为无形；可传而不可受，可得而不可见……。"此处就

---

① 严复《老子评点》二十章谓："绝学固无忧，顾其忧非真无也；处忧不知，则其心等于无耳。非洲鸵鸟之被逐而无复之也，则埋其头目于沙，以不见害己者为无害。老氏绝学之道，岂异此乎？"（此批在"绝学无忧"句上）

道虽不可口授,但可以心传;虽不可目见,但可以心得。道之"可传""可得",这是战国道家的一种新的提法。《大宗师》接着就有一则南伯子葵和女偊的对话,谈论"道可得学邪?"庄子借女偊说出了一大段学道、闻道的进程。学道约可分为两大进程。第一进程要在去障脱困下工夫,首先要遗弃世故("外天下"),然后才能要扫除物欲之缠绕("外物"),尔后透视生命的局限而无虑死生之困扰("外生")。突破这"三关",可进入第二个进程,此时心灵如朝阳初升,清彻明朗("朝彻");心灵呈现出清彻明朗的状态方能认识道体之卓然独立("见独");"见独"是体道者锻炼自己能突破种种的对立与界限,而超越时间的范限("无古今"),而后进入不受死生观念拘执的精神境界。庄子运用诗意的语言,要在描绘生命境界之层层脱困、层层超升。

《庄子》书中言及"道",多将它转化而为主体生命所呈现的最高精神境界。心传道境之说,尤值得我们进一步阐发。

2. "为学"历程与"为道"境界

司马迁《史记》称庄周"其学无所不窥",我们读《庄》书,看出他借许多寓言来提示为学要日益,更要技艺日精,由技艺而入道境。

事变之流有一个层层连续的进程。鲲化而为鹏(《逍遥游》),鹏之积风蓄势而高飞,其由溟海而入于天人之境,有一个变化主体依时空条件循序而创进的历程,而变化主体之集学、集才、集气、集势,然后奋力而起,尤为紧要。

《庄子》书中描绘了许多由技入道的寓言,如"庖丁解牛"(《养生主》)、"轮扁斫轮"(《天道》)、"痀偻承蜩"、"津人操舟"、

"吕梁丈夫游水"、"梓庆削木为镶"(《达生》)、"匠石运斤成风"
(《徐无鬼》)、"大马之捶钩者"(《知北游》)等等,这些艺人无不
因其为学积厚,熟能生巧,技艺专精而臻于出神入化之道境。

《庄》书所有由技入道的寓言,都表达了这些共同的特点:
(一)学技习艺的时间历程:各寓言中艺人的学习历程年、月、日
不等,多以日、月喻其进度,"庖丁解牛"则写庖丁初学时"三年"
之后,以至"十九年"间,技艺与时俱增;"大马之捶钩者",则写其
"年二十而好捶钩",至"年八十矣,而不知毫芒",学艺时日越久
则技能越专精,要在持之有恒("有守也")。老子便曾说过这样
令人难忘的话:"民之从事,常于几成而败之。慎终如始,则无败
事。"庄子强调"有守"①——学习技艺者时间进程的持续性,这提
示给世人莫大的策勉与启发。(二)艺能专精之磨练:艺人"有
守"乃能"巧专"②;技巧专精要在持久的学习进程中体现,在学习
与天才之间,庄子似乎并未着意天才的成分,而一再强调反覆历
练与长期实践的必要性。历练与实践中逐渐掌握事物的规律,而
技艺的专精则有一个反覆磨练的过程,庖丁解牛所谓依着事物的
自然的纹理("依乎天理")、顺着事物自然的结构("因其固
然"),正是"巧专"而遵循客观法则以施展运行的缘故。(三)主
体心境之培养:集气、养神、静心是艺人与学道者在创造的过程中

---

① 庄子提示世人持守之道,如谓持守本根(《天道》:"守其本。")、持守生命的主轴
(《德充符》:"守其宗。")、"神将守形"(《在宥》)、"纯气之守"(《达生》)、"慎守
其真"(《渔父》)。凡此告示人们无论修身从事要"有守",学道亦然(如《大宗
师》论及道学,曰:"告而守之,……吾又守之。")

② 《达生》梓庆为镶曰:"其巧专而外滑消。"

必需培养的艺术心境①。涵养深厚的艺术心境之挥发,在"痀偻承蜩"和"庖丁解牛"等寓言中,都有所描绘。如《达生》写一个驼背的在粘蝉,有如拾捡什么似地。问他有巧还是有道,他回说"有道"。接着痀偻者叙说他锻炼的历程,再说他身心定力的培养情景;"用志不分,乃凝于神",正是艺术心境之写照。庖丁解牛时,写其"神遇"、"神行"而"游刃有馀",亦正描绘技艺洗练的艺术家创作时所达到的挥洒自如的境界。

苏东坡正是读了庄子这些寓言,说出这样的至理名言:"出新意于法度之中,寄妙理于豪放之外,此所谓'游刃有馀'、'运斤成风'也。"此外,东坡对于"轮扁斫轮"寓言描述其技艺"得之于手,而应之于心",做了这样的诠释:"心手不相应,不学之过也。"东坡还借"津人操舟"寓言说:"凡不学而务求道,皆北方之学没者也。"东坡强调学以求道,这观点和庄子寓言所表述的意涵一致,也就是说,在"为学"和"为道"的关系上,老子说不清楚或有缺失之处,庄子和东坡做了必要的补救,使"为学"的途径通向"为道"。

(三)内圣外王之道——开放心灵与多边思考

《庄子·天下》开篇标示出人间最高的宗旨在于探讨宇宙人生本原、本根的学问,庄子称之为"道术"(魏晋新道家称之为玄学),也就是我们现在所说的"哲学"。哲学家在人文世界中的理想便是体现"内圣外王之道"。"内圣"在于提高人的精神境界,

---

① 集"气",如《达生》梓庆为镰寓言云"未尝敢以耗气";《人间世》写"心斋"境界云:"气也者,虚而待物者也。唯道集虚。"养"神",如《达生》痀偻承蜩寓言云"用志不分,乃凝于神";《养生主》庖丁解牛谓:"以神遇而不以目视,官知止而神欲行。""静心",见《达生》梓庆为镰寓言。

"外王"要在成就人的社会功能。庄子所标示的这一理想,由内到外,由个人修养到社会职能,深为历代儒者所憧憬。自汉以后,以儒道为代表的社会文化中,主要成就在"内圣"方面,而"外王之道"则千载难逢①。

外王之道虽难以实践,但这理想仍一代代地激励着历代士人及今日的知识分子。

庄子提出"内圣外王"的理想,已有两千三百多个年头,经历如此漫长的历史洪流,我们重新审视庄子人文世界中这一理想,以之观照现实世界,竟发现有如此奇妙的现实意义。

现在我们所处的世界,早已不再能闭关自守,国际关系无不处于互动之中,与今天普遍传播的"地球村"观念正相吻合;庄子的人文世界深具"宇宙公民"的意识。庄子所宣导的"齐物"思想中所蕴涵的开放心灵和多边思考的观点,也极富现代意义。我们且依据文本来谈谈庄子"内圣"和"外王"的今古意义。

1. 心学("内圣"之学)——开放心灵与审美心境

庄子的"内圣"即以心学为其内涵;庄子的心学是其生命哲学的核心部分。生命中形神(心)关系上,庄子提出"形全精复"的命题;从《庄子》讨论形神作用的著名篇章中(如《达生》、《养生

---

① 因儒、道均属士人阶层,无权无位来实现外王理想,唯有寄希望于人王,而大权在握者尽属庸碌之辈,偶有例外者,魔王总多于超圣,掌权者与浑恶之徒似乎成了联体婴,这情况时至今日之选举文化喧嚣的国度里仍触目可见。从中国历史来看,汉初朝政曾吸纳黄老道家思想,与民休养生息而形成"文景之治"的好景;唐太宗也曾吸收老子有容乃大的学说而形成"贞观之治"的局面。不过儒家德治主义的外王理想则不如道家幸运,汉武帝一朝采纳董仲舒"罢黜百家,独尊儒术"的建议,儒家"攻乎异端"的学说成为专制政体的理论护符,使儒者在中国言论史上千载蒙羞。

主》、《德充符》），他又特意突出心神、心思在生命创造中的灵妙作用。古人以为思维能力与精神作用均发自于心，庄子论心要在阐扬心神与心思的作用。心神活动创造人的精神生命，心神作用所开展的生命境界在各篇中呈现出风采各异的形态。此处我们仅就《庄》书中所论及心灵开放与审美意蕴，以见其现实人生的意义。

重视"心"，即重视生命，庄子并将"道"落实到"心"（"心斋"），给予心学以高度哲学理论化。回顾老、孔时代，从《老子》和《论语》上，心的议题并未受到足够的重视，而且都属于常识意义，但到了孟、庄时代，心的概念从他们的著作中大量出现，而且赋予丰富而多样化的内涵。由心的议题之被突显，反映了春秋末到战国中期这两百年间，人类处于极端的情境之下，生命意义之一课题受到孟、庄时代的人所迫切关注。人类如何在困境中来脱困，在险境中来脱险，在孟庄看来，问题的根源就在于人心。

孟子侧重心的道德意识，庄子则彰显心的审美意蕴。孟、庄从不同角度突出人心的议题，反映了人类主体意识觉醒的时代特征。

儒家提出道德召唤以济世，但他们在维护礼制及"克己复礼"的主张上，引起了庄子学派的强烈批评。《庄子·田子方》指出，儒家"明乎礼义而陋于知人心"。这是《庄》书外杂篇的诸多论评中最为敏锐的评语。庄子学派对儒家的诸多评论，根源仍在于心学的基点上。

在庄子看来，心理现象是千变万化的，在〈列御寇〉中指出："凡人心险于山川，难于知天；天犹有春秋冬夏旦暮之期，人者厚貌深情。"不过,庄子学派主要认为心呈现出正反两种对反的情状:从负面看为"蓬心"、"成心"、"机心"、"贼心",从正面看则为"以明"、"虚室"、"灵台"、"灵府"、"宇泰"①。

心的不同样态,并不是先验的,而是因着主客观条件的影响而形成的。除客观环境的限制因素之外(如《秋水》谓井底之蛙受到时间、空间、教育的限制),主观的努力、修持,也可以使封闭的心灵提升到"以明"、"灵府"的开放心境。庄子应用"十日并出"(《齐物论》)和"井底之蛙"(《秋水》)的寓言,形象化地描绘了多边思考的开放心灵和单边思考的封闭心灵的迥然不同。

心灵的虚通,才能发挥出灵妙的作用,庄子称之为"灵府"。在《德充符》中有一段话对"灵府"做了精彩的描写:"使之和豫而不失于兑;便日夜无隙而与物为春,是接而生时于心者也。"庄子认为只有保持"和顺"、"豫悦"、"畅通"的心境,才能"与物为春"保持着"春和之气",使自己如春天般生机活泼。庄子"与物为春"的心境,使人游目骋怀与外界交接而产生和谐之美好感应,实乃人生艺术化的最高境界。

庄子在强调培养开放心灵的同时,也提示人们培养一个艺术的、审美的心境——这就是"游心"之所以成为庄子哲学的核心观念。

心灵的开放与审美心境的培养,需要一番"内圣"的工夫——通过"聚精"、"养气"、"凝神"、"静定",才可使心灵呈现

---

① "蓬心"出自《逍遥游》,"成心"出自《齐物论》,"机心"出自《天地》。"以明"出自《齐物论》,"虚室"出自《人间世》,"灵台"出自《达生》、《庚桑楚》,"灵府"出自《德充符》,"宇泰"出自《庚桑楚》。

出"虚"、"通"的开豁状态，即《外物》所谓"目彻为明，耳彻为聪……心彻为知……心有天游"。庄子认为心灵通彻能开显智慧，心灵与自然共游，才能体会天地之美(《知北游》："天地有大美而不言。")，能品味至美而游于至乐的人(《田子方》："得至美而游乎至乐。")被庄子称为"至人"。可见在庄子的境界哲学中，人生最高的境界是艺术境界，而艺术境界要高于道德境界。

2. 治道("外王"之道)——齐物精神与多边思考

庄子所处的战国时代，大小国家不停争斗，在《则阳》篇中借用蜗牛头上"触蛮相争"的寓言，形象化地讥讽了当时国与国之间的军事冲突："有国于蜗之左角者曰触氏，有国于蜗之右角者曰蛮氏，时相与争地而战，伏尸数万，逐北旬有五日而后反。"

统治权力的应用不当，给人民带来莫大的灾难，庄子对历史和现实都做出了最深层的反省。他在《人间世》中，指出在历史的长河中历代帝王"其用兵不止，其求实(利)无已"导致人类的一部互斫的历史！庄子的透视与讥讽，时至两千多年后的今天读来，仍具有现实意义：在我们生活的时代，从两次世界大战到2001年美国遭到"9·11"恐怖袭击和中东战火的点燃，人类仍不时处于相互屠杀之中。据媒体报导，在过去的一百年间，人类只享有二十六天安宁的日子。回想十九世纪的尼采，已经看到了西方文化的危机，但尼采没有看到他身后更深刻的危机。尼采为西方文化把脉，认为病根在于基督教的道德观，因而他沉痛地说过这样的话："人类是病得很深的一种动物。"但在西方强势主导下的今日世界，人类面临的灾难及病情，比尼采所透视的真相更加严重。

权力运用不当,最显著的事例,莫过于 1930 年代,纳粹的希
特勒发动战争,使欧洲丧失三千多万人命,日本则发动东亚战争,
且疯狂地屠杀无辜平民,全世界在二次大战中死于非命者高达七
千万人。经历这次惨痛的教训,霸强间的军备竞赛至今仍未休
止,在"恐怖平衡"中维持着内弛外张的和平。然而世代仇恨,依
然让中东战火不息,而此前印巴、北爱、巴尔干半岛也一样冲突不
断,强权的主导正是各地动乱不已的根本原因。两次海湾战争,
我们从电视荧幕上目睹美军对民房、桥梁的狂轰滥炸,入侵伊拉
克的理由、谎言之外①,所剩下唯一理由便是美式的口号:"给伊
拉克人民带来自由、民主。"但举世的人在镜头前看到的是所向
披靡的杀戮暴行,有位烽火馀生的妇女在她丈夫和子女的尸体旁
嚎啕大哭,叫嚷着:"美国人说要给我们自由,看看,给我们的却
是恐惧和死亡!……"这情景让我们久久不能忘怀。现在美国
当权者不敢再对中东人民喊"民主",因为无论伊拉克、巴勒斯
坦,依民主的多数决原则,他们绝大多数的人民都要求建立一个
回教的政府和国家,这愿望和以基督教基本教义为意识形态的美
国右翼政权正相背离。美军及其代理人在中东的穷兵黩武,这场
现代化的"新十字军东征",唤起人们历史的记忆,西方文化中表
现出如此突出的好战作风、排他性格、暴烈行径,究竟来自什么样
的传统? 什么样的教义? 或许我们可以在基督教的《圣经》中找
到部分的答案。《旧约》树立了一个至高无上的、唯一的上帝,从

---

① 布希政权入侵伊拉克首先编织的理由是伊国已有核武设施,美军全面占领巴格
达之后,遍地搜寻未得丝毫证据。另一入侵的理由是海珊牵连"911"事件,但布
希本人刚在"911 攻击事件"五周年的演说中承认,海珊和"911"袭击并无关连。

战神耶和华的威权性格及其足迹所至之处弥漫着一股浓烈的肃
杀之气①,可探寻出个中端倪! 基督教文化和回教文化原本是
"人民内部的矛盾",如今却演成不可共存之仇,这越发使我们想
起东方的智慧来!

　　美国史学家亚瑟·小施勒辛格(Arthur M. Schlesinger Jr.)曾从
美国历史、政治运作以及军事外交等各面向著书《帝国总统》
(*The Imperial Presidency*),指责尼克森等历任总统之扩权。布希
继位,更借"反恐"之名,越权而至滥权,使他升任为"新帝国总
统"。今年(2006 年)7、8 月间,美方支持下以色列大举进攻黎巴
嫩,我们目睹飞弹发射下,平民公寓一栋倒塌,奔命逃亡的人潮遍
地哀嚎,一场战火导致两千多平民死亡,九十万人无家可归。
"新帝国"主政者权力的傲慢及其刚暴作风,这时很自然使人们
想起老子治道中提倡"无为"和守"柔"的道理好像是说给当代强
权者们听的。

　　从我青年时代开始,就看到"美援"随着它的军事力量向世
界各个角落伸展,而同时却出现了这样一个普遍的现象,那就是
"美援所到之处,引起一片反美之声"。为什么? 世界第一大强
似乎从来没有对这种现象做出反省!"9·11 事件"之后,我们更
清楚地发现这事件的发生是果而不是因,而"孤独的强权者"总
是倒果为因。归根结底,权力的傲慢之外,正是庄子所指出的
"成心"导致自我中心,由是而形成单边思考,以至发展为"军事
单边主义"。

---

① 　根据《旧约》的记载,遭耶和华所击杀的人,有数字可稽者共达九十万五千一百五
　　十四人之多,而无数字可查者,为数更多。详见拙著《耶稣新画像》。

　　"9·11事件"五周年的今天,美国传媒曾有这样一则讯息,民调显示"布希'开放性'的人格为零分,心眼狭隘"。从布希再任后更加突显的美国自我中心和军事单边主义,使我不时会从庄子"内圣外王"所提示的角度来看世界大势。

　　庄子创造了许多富有哲理性的寓言,提示人们以己度人产生意想不到的后果,甚而出于善意的推己及人也常会带来难以挽回的结局。如鲁侯养鸟(《至乐》)、浑沌之死(《应帝王》)、拊马不时(《人间世》)等寓言,都在于警惕人类自我中心而导致对他人他物的伤害。鲁侯将海鸟迎接到太庙,置酒食以宴饮,奏古乐以取悦,"鸟乃眩视忧悲,三日而死"。鲁侯固然出于美意,但"此以己养养鸟也,非以鸟养养鸟也"。当今强权到处削足适履地输送一己的意识形态,却昧于了解不同国度不同文化的独特生活方式,合模化取代了个殊性的美式速食文化之扩展,从而也摧毁了无数不同民族的文化遗产!《齐物论》说,"物无非彼,物无非是,自彼则不见",以"成心"进行单边思考,就如"北海之帝"、"南海之帝"那样,即使出于美意,对其他民族文化进行"日凿一窍",其结果却造成了浑沌之死。

　　《庄子·齐物论》借寓言人物啮缺向王倪提出这样的一个哲学性的问题:"你知道万物有共同的标准吗?"庄子借两者对话先写出"一问三不知"的著名典故,而后假王倪之口列举人和动物对于住所、口味、美色的不同反应;人和动物、动物和动物之间,在生活习惯、识别能力、审美趣味各方面,都存在着殊异性,但人类自我中心总是以己意去断他物,不断做出损害自然界的举动。由是观之,今天人类的毁坏生态环境,且造成大气臭氧层的严重破坏,人类将要付出难以估量的代价来应付自然界的回报。

庄子在《齐物论》中,一方面指出人类封闭的心灵、成见之心("成心"),形成个人自我中心、宗派自我中心、国家自我中心乃至人类自我中心所导致片面观点的局限性,另一方面开导人们培养开放的心灵("以明"、"灵府"),对他人他物进行多边思考。

《齐物论》所表达的齐物思想,到现代仍具有其特殊意义。让我们来听听庄子所说的话语,如谓:(1)"物固有所然,物固有所可。无物不然,无物不可。"这是说任何人物、事物("物")都有它值得肯定("然")的地方,也有它值得赞赏("可")之处;我们要从事物的特点去观照它,从人物的长处去观赏它。(2)"唯达者知通为一,为是不用而寓诸庸。"这是就臻于道境的通达之士,在道的整全视角的观照下,才能了解每个族群、每一个体都可相互会通的,因而不必固执于自己的成见而能寄寓在各人各物的功用上("寓诸庸")。(3)"以隶相尊……万物尽然,而以是相蕴。"这就是说将低贱的和尊贵的等同看待,万物都能相互包容。"相尊相蕴"这一命题,正是言简意赅地表达了齐物的精神。

统言之,庄子的"内圣"之功,要在培养开放的心灵与审美的心境,"外王"之道,要在涵养各色人等"相尊相蕴"的齐物精神与体现出"十日并出"①,普照各方的多边思考。而齐物精神与多边思考的广大格局,则根基于开放心灵与审美心胸。开放心灵才能养育一个多彩的世界,审美的心怀才能化育出一个有情而充满和谐之美的天地。庄子人文世界所代表的东方智慧,正是我们这时

---

① 典出《齐物论》昔者尧问于舜一节,曰:"昔者十日并出,万物皆照,而况德之进乎日者乎!"

代所欠缺而最需要的。

（本文为 2006 年 5 月中旬应成功大学法鼓人文讲座之邀所作讲稿，暑假期间撰写成文，9 月 17 日完稿，刊于《道家文化研究》第二十二辑，北京三联书店，2007 年 10 月。）

从老庄谈宗教的人文精神

在台湾和大陆这一二十年，宗教系、所的成立可以说是如雨后春笋，这说明宗教已经成为我们学术界越来越重视的一个课题。但是我觉得很多系所的师资和学术力量都尚待加强。许嘉璐先生近年来在大陆和港澳地区举办了多次世界各大宗教的对话，气氛非常热烈。今天，许先生在北师大创立这样一所颇具规模的人文宗教高等研究院，很富有时代意义。时至今日，世界各地区的重大冲突多导源于种族文化的差异，归根结底属于宗教文化的冲突。美国向中东地区的开战，就是一个显明的例子。因而对各大宗教的研究并进行对话，正是当前的要务。

1984年我到北大哲学系任教，到1997年离开北大回到母校台湾大学哲学系，这期间我曾经召开过三次道家和道教的国际会议，由于我主编《道家文化研究》的原因，各校同行之间都有较多的往来，昨天我看到宗教哲学颇具盛名的学者都参加了开幕式，更难得的是，许多年轻学者出现在开幕式上。今天在北师大举行为期两天的论坛,在座的除了许先生和国内我熟悉的许多学者之外,还有日本、韩国的中青年学者。我还看到哈佛大学的 Peter Bol 也在座,这可能是我第一次见到他,这几年我花了较多时间研究北宋哲学,他的著作也是我经常翻阅的。近十年来国内大量地介绍西方学者研究中国文化的著作。中国历代的重要典籍多成了世界的公共文化遗产,几乎都翻译成外国文字。而外国学者在中国文哲方面的研究常常有特殊的观点和方法,因此在某些领域的研究上也会超过我们。

今天这样一个隆重的学术论坛,我原先写好一篇《论庄子人性的真与美》,本想在这里宣读,但会前和会议负责人商量,希望我不要讲得太专,所以我选择了一个和宗教有关的论题:《从老庄谈宗教的人文精神》,请允许我用漫谈的方式随性来讲。

这是我第一次从老庄哲学的角度来讨论人文宗教,我将从三个方面来谈:第一,我人生旅途中几个重要阶段的难忘遭遇,如孩童时代在日机轰炸中逃难,青年时代从参加保钓开始体验国际强权的专横,追溯霸权意识形态的根源,都与极权宗教有关。第二,从中国文明的开端所出现的祖先崇拜,来谈中国人文宗教源远流长的历史。第三,从老庄思想来对比宗教的人文精神。

一

我出生在鼓浪屿,不久随父母回到祖籍汀州,汀州地处福建西边的山区,我家住在长汀城里。从我有记忆开始,就处在一个战乱不安的年代,内忧外患接续不断,总过着惊慌逃难的日子。我小时候记忆最深的就是日机不停地轰炸贫民百姓,每回紧急警报一拉,母亲拖着我往郊区跑。解除警报之后,在回家的路上,看到整条街房子在焚烧,尸体横在马路上,甚至有的还吊在电线杆旁边。日本飞机是从台湾起飞的,轰炸一个如此偏僻且没有军事价值的穷乡僻壤,唯一可能的原因就是厦门大学迁到长汀。儿时目睹的景象,到中青年时代有着更强烈的体认,那是受了七十年代保钓运动的激发。1972年我访美,在加州大学校园里看保钓留学生放映南京大屠杀的记录片,太震撼了!镜头记录下当时的景象,一卡车一卡车的尸体搬运上去,然后看到日本兵用刺刀杀老百姓、小孩,捅妇女的肚子。这个镜头让我终生难忘。

为什么我会追忆这段动荡时代的记忆呢?因为最近美国和日本在黄海进行军事演习。因为我一生都是在这种动荡不安的环境中生活,后来我又看到日军在东北做活人实验的镜头,这种残酷性不亚于纳粹,西方人不断批判纳粹主义,但亚洲人对于日军凶残的行为却一直沉默,如人们常常讲的,历史可以宽恕,却不能原谅。每一次当我看到日本政要参拜靖国神社,对曾经给亚洲人造成的伤害毫无歉意,我深刻感受到这些参拜靖国神社的政要身上散发出一种战争的阴影,我就会想到当年日本神风特攻队,很明显地那是极权宗教的神道和所谓大和魂的结合,这也是导致日本军国主义的历史根源。

十四岁那年,我随父母到台湾,就读初中二年级,那时兵荒马乱,教室里驻满了从大陈、马祖撤退的军队。懵懵懂懂地高中毕业,读台湾师范大学历史系,后来重考台湾大学中文系,再转到哲学系,从大学到研究所专业都是哲学。进入台大读书,是我在思想上的一个启蒙阶段,一方面由于许多老师是出身于西南联大和北大的,在校风上承袭着五四时期的自由学风;另一方面西风东渐,影响着台湾的社会风气。整个大学阶段,课程上主要以西方哲学为主。修完大学课程,进入研究所,这时深感西方哲学理论体系固然庞大而严密,但其理论最终总不可避免地要搬出上帝。这在理智上很难令我信服,在感情上尤其难以接受。正如尼采所指出的,西方传统哲学注入了过多的神学血液。就在这一时期,基督教校园团契渗透到各大学周遭,促使我投入了相当长的时间和心力研读《圣经》。

翻开《旧约》,开始就呈现出"极权宗教"的作风。上帝被描述成一个很专横的统治者,他可以随意塑造人,也任意地毁灭人;要人绝对地服从,他只关心自己优越的地位,唯恐人跟他平等。《圣经》里第一次洪水不晓得导致了多少人死亡,接着这位种族之神动辄即杀众人。根据我的统计,被耶和华击杀的人多达九十万五千一百五十四人。凡是遇到他不顺心的、不顺从的,就任意击杀,这些《旧约》里都有记载。如《民数记》一六·四九记载:以色列人民对摩西不满,耶和华就降瘟疫,击死一万四千七百人。这类例子我可以列举几十条,我再举一个我记忆深刻的,《撒母耳》下六·七中有一个记载我觉得不可理解:一辆牛车载着上帝的约柜,"因为牛失前蹄",车子失去平衡,赶车的乌撒连忙伸手去扶住约柜。耶和华不但不感激,反而"向乌撒发怒,因这错误击杀他,他就死在上帝的柜旁"。这些都是"极权宗教"所记载的事例。

在《新约》中我们可以看到耶稣的反叛,耶稣的宗教观不能被保守派所容忍,最后非常残暴地被钉在十字架上。不过我们从

《新约》也可以看到,耶稣说过许多反对家庭伦理的激烈言论,比如《马太福音》十章三十四到三十六节:"我来,并不是叫地上太平,乃是教地上动刀兵,因为我来是使儿子反抗父亲,女儿反抗母亲,媳妇反抗婆婆。人的仇敌,就是自己家里的人。"兄弟要陷害兄弟而置之于死地,人的仇敌就是他自己的家。《马太福音》十章二十节:"兄弟要陷害兄弟,而置之死地;父亲要抛弃儿子,而置之死地;儿女与父母为仇,害死他们。"

在上个世纪六十年代后半期,在我反复研读新旧约之后,我出版了一本《耶稣新画像》,我写作的最大动机是期望世界上有影响的宗教,能够从极权宗教走向人文宗教。所谓"极权宗教"就是承认外在有一个不可见的力量主宰着世界,人类在这种力量的控制当中必须对他顺服、崇拜。这种宗教信仰,顺从是最高的美德,不信是最大的罪恶。上帝被视为全知、全能,人却是卑微而无意义的。而"人文宗教"则是关爱人类的处境,关怀人与人之间的关系,给人在宇宙中适当的地位。早在西周时代,中国的宗教已经具有浓厚的人文色彩,在"敬德保民"的宗旨下,倡导"民情大可见"、"天视自我民视,天听自我民听"提出"民,神之主也"、"神,依人而行"的观点,这些言论都散见于《尚书》《左传》等典籍中。这种宗教信仰的目的是要发挥他最高的才能,而不是强调人的无助和无能。人的美德是要实现人的理想而不是盲目的顺从。当然,在《圣经》中我们也可以看到走向人文宗教的一些言论,比如说"人打你的左脸,你右脸也伸给他打",爱和宽恕会推动人们去做一些慈善事业,许多宗教团体在天灾人祸发生时伸出援助之手,比如救助麻风病人,参与救灾等等。这一点上各种宗教都有它的人间性,有它的救世的一面,有它的博爱精神,这些都可以称为"人文宗教"的走向。

从极权宗教转向人文宗教需要漫长的路途。几十年来从我的生活经验中,看到大国强权依然表现出军国主义的作风,对其他的国家民族不停地发号施令。一边高喊自由民主,另一边却进行军事扩张。十年来,中东正在进行的一场新的"十字军东征",这种霸权背后的历史根源就是极权宗教。

我在台湾的校园生活中,给我带来一生的重要转折点,那就是1971年到1972年的保卫钓鱼台运动,我们简称"保钓运动"。这运动使我在现实上更认清楚大国强权军事扩张动辄武力相向,其意识形态的根源正是极权宗教。

钓鱼台是渔民在台湾北部经常捕鱼和休息的地方,在历史上有文献记载,是我们的领土。可是美国蛮横地把它转给日本,想想看,美日联手再度进入到台湾海峡,这无异于卡住了台湾大陆十几亿人的咽喉。

1971年冬到1972年,校园里掀起了"保钓运动",先是从欧洲、美国——特别是美国的留学生开始了保土爱国运动。因为受到长期舆论宣传的影响,我们都把美国看作"自由民主"的圣地,所以对于为什么美国硬要把我们的领土交给我们有世仇的日本,这就令我们大惑不解。1972年我借着探望我妹妹的机会来到美国,在美国从西到东跑了一圈,我很惊讶地发现一个号称"自由民主"的国家怎么会用坦克大炮支持中南美还有亚洲的很多独裁政权,又把很多已经变成民主的政权颠覆掉,恢复到独裁统治。在美国我接触到许多参与保钓运动的留学生,保土运动激发了我的民族意识,当我看到南京大屠杀的实录镜头时,立刻联想到儿时日本飞机轰炸的景象。这个时候,大一时期所必修的中国近代史也在我脑海里产生了一层新的意义。此时一个巨大的问号在我内心盘旋着:西方不少强权国家"自由民主"喊得最响亮,而军事扩张也最为急速。现在想来,这离不开它的"极权宗教"的根源。

二

对比"极权宗教",中国的"人文宗教"则有着悠久的历史。中国从有文字记载的殷周时代开始,它的宗教活动中就显示出祖先崇拜的特点。中国人的祖先崇拜在世界的各大宗教中显得十分特别。出土的甲骨文文献中,已经出现了"孝"、"德"等宗法伦理概念。周代继承殷代的文化而向前发展。周公制礼作乐,将宗法伦理从政治层面推向更普遍的社会阶层。

大约在公元前四世纪的时候,希腊、中国、印度都有关于洪水为患的记录。我们所熟知的《圣经》旧约就有洪水为患的记载,不过那是耶和华在行使他的大能,他用洪水来淹灭全球,是上帝惩罚人类的一种天灾。这跟中国的历史和神话很不同,不管是大禹治水,还是其它有关的神话,都是以治水平土、造福人类为主题的传说,以肯定人力的重要性,强调用人力来解决自然的灾难,这与基督教《圣经》天谴说有很大不同。因此可以说,中国的神话很富有人本思想和人道精神,和其它民族的"极权宗教"很不一样。

中国古代神话中的盘古开天辟地、女娲补天都隐喻着人文宗教的内涵。再比如《庄子》中"混沌之死"、"十日并出"的寓言,都把神话转化了。尤其是"十日并出"的神话,原本是描述后羿射下九个太阳,但庄子却创造性地转化为人类开放心灵的写照。

现在我们再谈谈中国人文宗教中祖先崇拜的几个要点,那就是敬天、孝祖、保民。这里我特别就后两点,从老庄角度来讲孝的德行。《诗经·大雅》说"有孝有德","德"是对天而言,"孝"是对祖先而言,所以"德"与"孝"成为周代统治阶层的重要道德规范、道德原则。而祖先崇拜中,祭祖、祭祀的活动很多,这在儒家尤其突出。我个人一向较偏爱道家,对儒家我较肯定它的尊尊亲亲在社会层面的作用,但在政治言论层面,儒家攻乎异端的主张就显得心胸狭隘,思路远不如道家开阔。不过在祖先崇拜上,儒家确实影响很大,这个我们要承认,所以儒家的孔子与道家的老子都敬鬼神而远之,把鬼神放在"道"的下面。很多人认为老子是反伦理者,这是错误的。《老子》十八章、十九章讲"孝慈"、"民复孝慈","孝"、"慈"很重要。《老子》也讲仁,第八章"与善仁",人和人来往要讲仁爱,把仁慈视为"三宝"之一。讲到祖先崇拜、孝道,其实儒、道是有同有异的,有异是它表现的方式不同。道家的讲法更合乎自然,更合乎人性。

《庄子·人间世》讲到"天下有大戒二,其一命也,其一义也。子之爱亲,命也,不可解于心。臣之事君,义也,无适而非君也,无所逃于天地之间,是之谓大戒"。每次当我读到这里的时候,都为亲情之爱的不可解于心所深深触动。《山木》篇有一则记载假国人逃亡的故事,说林回舍弃了价值千金的玉璧,背着婴儿逃跑("弃千金之璧,负赤子而趋"),有人问他为什么这样,林回回答说"彼以利合,此以天属也"。庄子这里把人们对于婴儿子女的爱视为天性的关怀,"此以天属"体现了道家在亲子之爱中人性的自然流露。

关于亲情之爱我再举两个例子,《天运篇》中写着,商太宰问庄子什么是仁,他回答说:"虎狼,仁也。"问说为什么,又回答说:"父子相亲,何为不仁?"庄子又将父子相亲由人类扩大到物类,这是庄子了不起的地方。到了宋代程颢所说"仁者浑然与物同体",这正是延续了庄子的精神,把原始儒家限于人际关系中的仁爱扩大到宇宙万物。商太宰又问什么是孝,什么是最高的孝。庄子接着孔子用"敬"表达孝心的议题,展开了一段精辟的论述,他说:"以敬孝易,以爱孝难;以爱孝易,以忘亲难;忘亲易,使亲忘我难;使亲忘我易,兼忘天下难。"这里的"忘"并不是说忘掉父母,而是安适之至谓之"忘"。让父母亲过得安适,爱也就蕴含在其中。让父母亲舒适比较容易,让父母亲不牵挂你更难。这让我想到庄子《庚桑楚》中的一段话:"蹍市人之足,则辞以放骜,兄则以妪,大亲则已矣。"这是说,踩到一个路人的脚,赔罪说对不起,哥哥踩到弟弟就怜惜抚慰,父母踩了子女的脚,就什么都不说。"大亲则已",这表达了亲情在人性中自然的流露。因此,我这里讲祖先崇拜,讲"德"讲"孝",讲"德"主要是讲老庄将德从伦理意义推进扩展到世界观意义,讲"孝"主要是讲如何顺应人性之自然、人情之自然。

《庄子·骈拇》篇还说"仁义岂非人情乎",这里强调仁义要符合人情、人性。总之,先秦诸子共同地推动了人文思想的发展,儒、墨、道、法共同汇成了一股强大的人文思潮,这比西方提早了一千多年,中国的人文精神可谓源远流长。

三

最后我要从宇宙意识与宇宙视野来谈谈老庄与人文宗教的对比。

现在科技发展越来越全球化的趋向是不可避免的,无论天灾还是人祸。然而,我们看到从二次世界大战到现在,强国霸权依然不停地在进行对别国的军事干扰与威胁。正是在这种情势下,2007年夏天,中国道教协会在西安举办了"《道德经》论坛",主题就是"和谐世界,与道相通",这个会正是许嘉璐先生和叶小文局长主持的。这不只是道文化向世界各大宗教发出的一个对话信息,也是我们东方人面对西方一个多世纪以来的扩张主义所发出的人类要求和谐的心声,这个信息和心声具有十分重要的时代意义。此时此刻,我想到庄子《齐物论》中所表达的世界各民族"相尊相蕴"的齐物精神。庄子看到不同党派、宗派、学派因为成心的作用,用《淮南子》的话来说,每个人都"自是而非人",不停地卷入是非争辩。"以是其所非,而非其所是",他们各自肯定对方所否定的而非议对方所肯定的,将原本整全的世界分离割裂。因此,庄子提出要培养开放的心灵——"莫若以明",用"以明"之心来涵容不同的价值观。孟子曾经在《万章》篇引用孔子的话"天无二日",庄子却用"十日并出"来表达宽阔的胸怀,它告诉我们,在天地之间多民族不是只有一个中心价值,而是允许有多个中心价值的存在。而庄子这种多元并存的思想跟《圣经》有很大的不同,《旧约》里的耶和华不但不允许有两个太阳,而且宣称他就是

真理,而且是唯一的真理,这是独断的。庄子《齐物论》讲"恢诡
谲怪,道通为一"。如果从我们现在的观点来说,它的意思是基
督教有基督教的中心价值,伊斯兰教有伊斯兰教的中心价值,佛
教有佛教的中心价值,道教有道教的中心价值,即使它们彼此的
中心价值是千差万别的("恢诡谲怪"),但是它们在宇宙中是可
以相互会通的("道通为一")。

　　我们回顾百家争鸣的先秦诸子,他们各自的学说虽然有很大
差别,但都着眼于人间关怀。而老庄和其它诸子的不同,他们既
怀有人间情怀,又能将人们的胸怀提升到天地的境界,更扩及到
宇宙的视野。诸子多强调社会秩序与人间和谐,而庄子不止关注
社会秩序与人间和谐("人和"),又由宇宙和谐("天和")论及人
类心灵的和谐("心和")。然而,我们今天所处的世界依然扰攘
不安。我多次游历欧洲,有一次停留一个学期之久,对欧洲历史
文化有了设身处地的感受,比从书本上更能获得一种实际的领
会。在激赏他们的文化传统之馀,它还让我思考这样的一个问
题:为什么两次大战都是由西方发起的,这是不是与西方的世界
观与人生观是相联的。这个问题在我脑中盘旋了很久。我才想
到当代新道家金岳霖先生和方东美先生著作中批评西方征服自
然的世界观以及英雄主义的人生观。西方物化的生活方式,不停
地对环境资源榨取,对地球生命毁损,尤其是在民主和人权的呼
声之中又把军事扩张的触角伸向了和它的生活方式不同的国度。
这些年来,让我经常想到尼采在《反基督》中所说的一句话:"人
类是病得很深的动物。"这是我前面一再说的,它的根源与极权
宗教的信仰有关。

　　虽然极权宗教也有从人提升到天的思维,但与老庄在宇宙意识上的思想视野不同。老庄之"道"要在生命境界的提升,以前曾有人将老庄的"道"译为"God",我认为不妥。《圣经》里的"上帝"(God)是全知、全能的,不允许有任何怀疑,非常独断。而《老子》书中所说,人们为什么会"尊道贵德",是因为道对万物采取"莫之命而常自然"的态度。《老子》书中一再强调道"生而不有,为而不恃,长而不宰",人学习道,就是要发挥创造意志,收敛人的占有冲动。这种创生作为而不把持、不占有的精神,跟耶和华的"长而宰之"的作风完全不同。《庄子》的道论比《老子》更为丰富多彩,一方面他继承《老子》道生德蓄的观念,把道说成是生生者——创生生命的生命体,进一步把道的创生性说成是一种艺术性的创造,所谓"刻雕众形",世间万事万物就像一个艺术宝库。另外一方面,庄子特别强调宇宙是一个大化流行的变动过程,道纯任自然,使万物遵照各自的本性发展。《齐物论》又说"恢诡谲怪,道通为一",这是说,在宇宙间万物互为主体,和谐存在。老庄的"道"与《圣经》的"上帝"最大的不同在于,在老庄的宇宙视野下,每个民族都有不同的中心价值,而《圣经》透露出的是唯一的、独断的中心价值,它不允许各种不同的中心价值的存在。

　　老庄的道和极权宗教的上帝的另一个很大的不同在于,极权宗教强调人类的原罪,和人性恶的一面。对于原罪这个观点,方东美先生在 *The Chinese View of Life*(1956 年在香港友联出版社出版)一书中有一段很精辟的看法,他讲到中国的人文主义都是普遍生命流行的境界,整个天地间充满了生机,精力弥漫,创进不已。他说欧洲人有一个习惯,"对人性既尊重又鄙视,从中国思想家的角度来看,这种说法是相当矛盾的,但是探究之下有它的根源"。他讲"西方从古希腊开始就有一个很流行的奥菲斯教,把人类分成两种神秘的类别,一种是善的,另外一种是恶的。人的本性天生有截然不同的两种成分,善良的灵魂陷于罪恶的躯体之中,你在这个世间就像在监牢一样等待惩罚,只有灵魂从躯体里解脱出来到达别的世界,真正的喜悦才有可能"。这种宗教人性二分法建立起神魔同在的形而上学的理论,使得宇宙截然二分。方先生认为这样的一种人性观是恶性的二分法,这个跟中国人文主义照耀之下的人性是不同的。

我最近写好一篇关于《庄子》人性真与美的论文。与极权宗教对比,我这篇文章所谈的《庄子》人性的真与美,正是方先生所说的普遍生命流行的境界。

（本文为 2010 年 12 月 28 日北京师范大学人文宗教高等研究院首届人文宗教高端论坛讲座演讲稿。初稿由许艳华根据演讲录音整理,林光华、李春颖协助修改完稿。）

异质文化的对话

前　言

《庄子》这部书，常运用不同学派人物间的对话来表述其人生哲理。时而借孔门师生的对话，表述"心斋"、"坐忘"等重要学说；时而以庄、惠的思想交锋引出"无用之用"、"有情、无情"及"濠上观鱼"等哲学议题。

在中国文化史上，儒释道三教长期进行着思想交流，其中，庄子哲学的精神发挥了极其关键的作用。魏晋时期佛学渐兴于中土，道家有接引之功；庄、禅汇合，更在隋唐以后产生辉煌的文化成果；北宋儒学排斥佛老，却暗引庄子思想以建构其理论体系，宋明大儒的人生境界，事实上多为孟、庄精神境界之重组。近代以来，民主、自由、平等的观念蔚为时代思潮，《逍遥游》中隐含的自由精神和《齐物论》中隐含的平等理念被文化界不断地阐扬。当严复借译著引进自由、民主思想观念，并思考如何落实于母体文化的土壤时,便寻找到老、庄哲学作为接合之处;章太炎则在诠释《齐物论》时,阐发其族群文化平等的学说。

在当前全球化的趋势中,庄子的视角主义(perspectivism)以及破除自我中心的论点(由个人自我中心、族群自我中心到人类自我中心),对于当前东西方异质文化对话的进行,具有宝贵的时代意义。

一、以生命为主题的《庄子》

生命的流程不是单向的或单一化的,总是由不同的成素汇合而成。在我的人生历程中,自青年时代开始,由尼采的路途进入庄子的领域,此后,尼采的"冲创意志"、酒神精神和庄子的逍遥意境、齐物情怀,便在我的内心中长期进行异质性的对流。

尼采激发潜能的意志哲学和庄子"独与天地精神往来"的境界哲学,似乎正相对反,但二者都以讴歌生命为主题。尼采《查拉图斯特拉如是说》说,"生命是欢愉的泉源","世界如一座花园,展开在我的面前"。"庄周梦为蝴蝶,栩栩然蝴蝶也,自喻适志与",视天地如一座多彩的花园,人犹如蝴蝶一样翩然飞舞。依庄子看来,在宇宙大化发育流行中,人的一生倏然而来,倏然而往,安时而处顺,无往而不乐,庄子对死生的达观的态度,正如印度文豪泰戈尔所说:"愿生时丽如夏花,死时美如秋叶。"①

先秦诸子在殷周人文精神的照耀下汇成一股澎湃的人文思潮,春秋战国之交呈现出百家争鸣的思想大格局,诸子在世界观

---

① 出自泰戈尔《新鸟集》,原文是:Let life be beautiful like summer flowers and death like autumn leaves。

与人生观上虽然各呈其说,但都关怀现实人生。以儒道为例,孔孟阐发道德人生,而老庄阐述艺术人生,两者相互辉映。

在形神合一中,"神本形具"①为道家各派的基本主张。《老子》五千言多属治世之道,但也倡导"贵身"。《老子》十三章说,"故贵以身为天下,若可寄天下;爱以身为天下,若可托天下",明确提出"贵身"、"爱身"的思想,即重视生命的体现,老子还进一步强调生命比身外之物更为重要②。《庄子》尤其突出生命的主题。"生命"一词在先秦时期已经出现③,而时至今日,"生命"这一议题尤其富有时代的意义。

我们说《庄子》哲学以生命为主题,内七篇的主要论旨可以为证。下面我简略地说说。

《逍遥游》开篇以丰富的想象力借鲲鹏之巨大,衬托出心灵的宽广,借鹏之高飞拉开了一个苍茫无际的无限世界,主旨为"游于无穷",如《则阳》所说的"游心于无穷",即是精神游于自由适意之无穷境域。

《逍遥游》鲲化为鹏的寓言,喻示着人生历程中如鲲一般在溟海中深蓄厚养,经年累月的积厚之功转化生命的气质。在生命气质由量变到质变的转化过程中,主体不断地发挥主观能动性("怒而飞"),掌握客观的时机趋势而起("海运"、"六月息"),所

① 司马谈《论六家要旨》说:"神者,生之本也,形者,生之具也。"这是说心神是生命的根本,形体是生命的具现。
② 《老子》第四十四章说:"名与身孰亲? 身与货孰多? 得与亡孰病?"这是说声名和生命比起来哪一样更值得爱惜? 生命和财货比起来哪一样更为贵重? 得到名利和丧失生命哪一样更为有害?
③ 《战国策·秦策三》曰:"万物各得其所,生命寿长终其年而夭伤。"

谓鹏程万里就是预示着精神生命的层层超越,层层递进,以臻于宇宙视野。

《养生主》以护养心神为主题,开篇提出"吾生也有涯,而知也无涯。以有涯随无涯,殆矣⋯⋯。为善无近名,为恶无近刑,缘督以为经"。这是一段令人费解又发人深省的话,其主旨则在于"缘督以为经"①。庄子在这里所讲的善、恶使我产生几方面的联想。一是尼采"超越善恶"(beyond good and evil)的观点(见于《善恶之外》);其次是罗素在《中国问题》中所说的,"中国也许可以视为一个艺术家的国度,她具有艺术家所具有的善恶之德:其善主要有利他人,而其恶却足以危害自己";第三,此时此刻我更会想到庄子在人世中对价值判断常秉持的相对性的主张。如果我们思考庄子时,看到他总是悄然将儒家的道德人生转化为艺术人生的话,那么,我们会发现,此处他也是将世俗的善恶价值观转化为顺应自然的处世哲学②。

家喻户晓的"庖丁解牛"的故事,正是庄子艺术人生活动的最佳写照。《德充符》和《养生主》一样,篇题便以阐扬生命为主旨。《养生主》以庖丁解牛之精湛技艺而呈现于社会人生的舞台上。《德充符》则以开拓内在生命价值为主旨,通篇以对比反差

---

① "缘督以为经",有诸多解释,可以概括为两种:一是指顺应自然的常道;一是指保持中虚,如同《人间世》中所讲的"养中"。详见拙著《庄子今注今译》(中华书局)。

② 王博在《庄子哲学》中对此有另一个层面的论述,非常精辟。他说:"当道的优先的儒家和生命优先的庄子相遇的时候,他们的冲突就是不可避免的了。在生命的主题之下,道的注定要成为次要和从属的东西。道的是捉摸不定的,儒家有儒家的道德,墨家有墨家的道德,但生命却是惟一的,每个人都可以切近感受的东西。"

的手法描绘着形残人士内在人格的魅力,以形体丑而衬托心灵美。在后文"才全"一节更进而阐发了审美的心胸。

以"内圣外王"为人生理想,最早见于《庄子·天下》篇。这也是后来历代哲学家所追求的最高目标。《逍遥游》、《养生主》和《德充符》都是论述个体生命,是对内在生命与价值的阐扬与开拓。《德充符》在篇末一段由个体生命谈到群体生命,他说"有人之形,故群于人",已经注意到了个体生命不能离开社群的生活。因此,他又谈到《人间世》和《应帝王》,篇名就凸现了社群关系的问题。虽然《人间世》是讨论外王的问题,可是它通篇在描写知识分子,每一段都突出知识分子承载着时代的使命感,关怀着民瘼,所遭受的却尽是悲剧的命运("此以其能苦其身"、"自掊击于世俗"),所以他不得不转向了"心斋"说,这也是《人间世》最后留下的是"心斋"学说,即内圣学说的原因。

《应帝王》讲的是治术,以有权势的统治阶层将收敛他的权术而为民服务的思路。在这一思路的铺陈之下,最重要的是"心镜说"①。知识分子在政治舞台上,本来也怀着鲲鹏展翅的理想,任公子钓大鱼的"大达"②志向,但"外王"的道路处处坎坷曲折,不得不转向"内圣"的途径。《人间世》篇末借楚狂接舆唱出了士人的悲怆之歌:"凤兮凤兮,何如德之衰也!来世不可待,往世不可追也。天下有道,圣人成焉;天下无道,圣人生焉。方今之时,

---

① 《庄子·应帝王》曰:"无为名尸,无为谋府;无为事任,无为知主。体尽无穷,而游无朕;尽其所受乎天,而无见得,亦虚而已。至人之用心若镜,不将不迎,应而不藏,故能胜物而不伤。"

② 《庄子·外物》曰:"夫揭竿累,趣灌渎,守鲵鲋,其于得大鱼难矣,饰小说以干县令,其于大达亦远矣,是以未尝闻任氏之风俗,其不可与经于世亦远矣。"

仅免刑焉。"人生旅途中虽然荆棘遍布,但庄子并没有逃遁到彼岸世界,而仍在人间世上如履薄冰地行进。庄子这种人生态度正是继承了殷周以来坚忍不拔的人文精神,如《易经》中的"困"、"屯"、"履"、"坎"、"睽"、"蹇"、"震"等卦,都是描绘在困境中如何开拓人生。如果不能了解中华大地上数千年来的灾难之多,也就不能了解它文化深层的一面。

《逍遥游》最后一句话是"安所困苦哉",吐露出庄子时代知识分子群体探寻精神出路的心声。庄子处在战争连绵不息的战国时代,如《史记·秦本纪》所说:"天下共苦,战斗不休。"他所处的宋国,宋偃君暴虐无道,其哥哥则昏庸无能。这可能是庄子从"外王"转向"内圣"的重要原因。

总的来说,《逍遥游》、《养生主》以及注重内在之德的《德充符》三篇可以看作表达"内圣"之说。而《大宗师》则是讲个体生命如何通向宇宙生命。《齐物论》的"道通为一"也是讲人与天地万物如何相通的问题。《人间世》与《应帝王》是表达"外王"之说,但是,篇中论点又从"外王"渐渐转向"心斋"、"心镜"说。这都与现实人生及个体生命有关。

二、《庄子》中不同学派的对话

《庄子》一书中常论及不同学派人物的思想观点,包含道家系列人物在内,书中所提及的先秦诸子,有三四十人之多。其中也保存了不少诸子的佚文。(例如《则阳》篇提到接子、季真的"或使"、"莫为"说,以及《天下》篇保存了惠施名辩学说及其"合同异"、"泛爱万物"的思想。)我曾指导过的一个学生,对《庄子》

的人物系谱做过详尽的研究①。《庄》书中所出现的庄子学派与儒家和名家的对话，最值得我们注意的是，庄周往往借儒家人物之口表述自己的观点，或者在与惠施的辩论中，将论题深入并转入自己的学说，进而扩大双方的视域。下面我们即以儒道对话和惠庄对话作为范例，解析《庄子》中学派之间对话的意义。

（一）儒道对话："明礼义而陋知人心"

在儒道对话中，最具典范性的例子是《田子方》中出现的仲尼与温伯雪子的会面与对话。这个寓言借历史人物的相会，来表达不同学说的特点与相互交流的过程。温伯雪子是楚国道家思想的代表人物，他在与中原儒者相会之前，以知性的、旁观的态度指出儒家学说的特点，即"明礼义，陋知人心"。但在相会之后，温伯雪子通过直觉的体会，感受到孔子行止"从容"，内外融合的境界。孔子则"目击而道存"，直接感悟到对方由内而外呈现出来的道的精神境界。心既可以通过理性，也可以通过感性得到提升。儒道两家通过交流，相互欣赏，彼此获得更为深入的了解，以及生命的感染和交通。

> 温伯雪子适齐，舍于鲁。鲁人有请见之者，温伯雪子曰："不可。吾闻中国之君子，明乎礼义而陋于知人心。吾不欲见也。"至于齐，反舍于鲁，是人也又请见。温伯雪子曰："往也蕲见我，今也又蕲见我，是必有以振我也。"出而见客，入而叹。明日见客，又入而叹。其仆曰："每见之客也，必入而

① 台大哲研所高君和2005年6月完成的硕士论文《论〈庄子〉的人物系谱》（由本人与李日章教授共同指导），文中对《庄子》一书提到的人物做了详尽的研析。

叹,何耶?"曰:"吾固告子矣:'中国之民,明乎礼义而陋乎知人心。'昔之见我者,进退一成规、一成矩,从容一若龙、一若虎。其谏我也似子,其道我也似父,是以叹也。"仲尼见之而不言。子路曰:"吾子欲见温伯雪子久矣。见之而不言,何邪?"仲尼曰:"若夫人者,目击而道存矣,亦不可以容声矣!"

生命哲学的重大课题即以主体为思考的中心,儒家过分强调外在的礼仪规范,常常使得道德离开生命,离开主体。儒道对话的意义正在于把儒家"主体之非中心化"的趋向移回主体生命。外在的规范不能离开生命,相反,应该从生命的角度充实伦理。孔子感受到温伯雪子"目击而道存"的境界,隐含着"道与心的结合"。道具有整全性,道与心结合,就使得生命的深度更为深邃,生命的思路也更加宽广。道与生命接触,主体才能移动自我的界限,使之拓宽与提高。

对道家来说,儒家明礼义也是由人心而自然流露出来的,在根本上也合乎道家自然的理念。《大宗师》所描述的游方之外、游方之内的两种态度,本为"内外不相及"。但在这则寓言中,通过具象化的理解,这也是这场对话的另一层意义。

(二)惠庄对话:"出游从容,是鱼之乐也"

惠施是庄子生平最要好的朋友,惠施做过魏国的宰相,地位很高,但他们之间的对话完全是平等的。《庄子》书中一共有十三则对话,往往被安排出现在极为特殊的场景。惠庄对话一般出现于一些重要篇章的结尾,其中较为重要的是《逍遥游》中讨论"用大"与"无用之用"的问题,《德充符》中讨论"情"与"无情"的问题和《秋水》篇末的"濠上观鱼"。这里仅以"濠梁之辩"为例，探讨惠庄对话蕴涵的意义。

> 庄子与惠子游于濠梁之上。庄子曰："儵鱼出游从容，是鱼之乐也。"惠子曰："子非鱼，安知鱼之乐?"庄子曰："子非我，安知我不知鱼之乐?"惠子曰："我非子，固不知子矣；子固非鱼也，子之不知鱼之乐，全矣!"庄子曰："请循其本。子曰'汝安知鱼乐'云者，既已知吾知之而问我。我知之濠上也。"

濠梁之辩展现了庄惠二人不同的世界观和人生观，但他们都触及到了一个相同的议题，即主体如何认识客体。这是中西哲学中很重要的议题。惠庄辩论还透露出了另一个重要议题，即情理关系的问题。从惠子的思路是可以朝向"以情从理"的方向，而庄子的思路可以导向以情絜理的方向。有关"濠上观鱼"寓言的论述，我们先进行一些概念分析。

"游于濠梁之上"，乃描述庄子悠游于山水之美的感受，"游"是写主体心境，"濠梁之上"是写美的情境。庄子适意地欣赏濠梁山水之美，即景而生情，化景物为情思，其乐融融。"儵鱼出游从容"使庄子发出了"鱼之乐"的感叹，此时，主体情调与客体自然相和相融，庄子以心照物，以物寄情，将外物人情化，把宇宙人性化。这正是推己及物的移情作用。对于庄子的感叹，惠子便提出了非常重要的哲学问题："子非鱼，安知鱼之乐?"这是哲学上极其重要的议题，即主体如何认识客体以及主体能否认识客体的问题。庄子和惠子就这个问题展开了针锋相对的论辩，庄子认为

主体可以感悟客体,两者是能够相互会通的。最后,庄子提出
"循其本"来解答他的"知鱼之乐",我们可以做这样的解读,他认
为人与人之间虽然形体间隔,但人的心、性、情可相互沟通。总的
来说,惠庄多次对话都显示出惠子的特长在于运用理性思考做概
念分析,庄子的特点则在于由感性的同通来体悟外界,这则对话
尤其突出这一点。

　　庄子、惠子这段对话对我们的启发在于:第一,它揭示了哲学
上的一个重要议题,即"主客关系"的问题。在对话中,庄子代表
的是感性同通的思维,惠子代表的是理性分析的思维。第二,它
揭示了人和自然之间的亲和感,庄子说"天地有大美而不言",充
分显示了他对自然美的鉴赏。这正是中国的道文化与西方 Logos
文化的差异。中国文化更重视人与自然主客融一的境界。这一
点为当今"全球化"下的异质对话提供了更高的视野和更新的
角度。第三,今天的文化对话是以理性分析为主流的,理性分
析的思维当然有它的重要性,但庄子"游于濠梁"的感性同通思
维是很好的补充,值得借鉴。这样,异质文化之间的对话才真
正成为可能。此外,它揭示了对话的意义,即在差异中求会通。
无论是同质文化,还是异质文化,都需要进行对话,而异质文化
之间的对话尤为重要。

三、全球视野下异质文化的对话

　　前面谈到儒、道和名、道学派间进行的对话,接着要谈在中西
文化的差异中如何进行对话。这使我想起惠施所说的"小同异、
大同异"的问题。《庄子·天下》有一段介绍惠施对异同相对性

的论述:"大同而与小同异,此之谓小同异;万物毕同毕异,此之谓大同异。"由于万物有其殊相也有共相,由殊相来看,则莫不异;由共相来看,则莫不同。中西文化也是这样,如庄子与尼采彼此的人生观虽有巨大的差异,但也有许多观点可以相互会通。

(一)尼采与庄子的会通:世界各民族道德形态与价值判断的多样性

这里我先以尼采《查拉斯图特拉如是说·一千零一个目标》与《庄子·齐物论》作为基点进行论述,来察看中西文化在极大差异之中有其可以会通的观点。先从《一千零一个目标》作为起点,在这诗篇中尼采是这么说的:

> 查拉图斯特拉曾游历过许多地方,见到了许多民族的善与恶。在这世界上,查拉图斯特拉还未曾发现比善恶更强大的力量。
>
> 每个民族都高悬一块匾额。看吧!那是记录着他们超越自我的匾。看吧!那是它的冲创意志的呼声,凡是从最深处、最不寻常、最艰难处获得自由,都是神圣的。
>
> 真的,我的兄弟,一旦你认清一个民族的困苦、天空及其邻族,你无疑会猜想他们自我超越的法则是什么,以及他们攀登希望之梯的目的又是什么。
>
> 时至今日我已有了一千个目标,因为我们有一千个民族。所缺的,只是套住千颈怪兽的锁链:所缺的是一个目标。人类仍然没有目标。

《一千零一个目标》提出了这样一些主要论点:

第一，世界各地区产生了多样性的道德形态，各民族有他们不同的价值判断。

第二，不同的价值取向与道德观念是创造意志的呼声。

第三，尼采列举了希腊人、波斯人、犹太人、日耳曼人四个族群的价值取向，他们各自的道德标准、内涵各有不同。

第四，每一个民族所形成的不同价值判断都基于四个重要因素：困苦、土地、天空及邻族关系。我们应该对于一个民族的困苦、土地、天空及邻族关系有所认识，这样才能了解他们自我超越的法则是什么。

第五，道德准则是人为设定的，并非所谓天启的——"不是从天下降下来的声音"。

第六，人类有千百个民族，就有千百种道德准则。然而，各种不同的善恶判断之间就会形成相互对抗，导致四分五裂，以致各民族之间出现了隔离、混乱的状态。因此，需要有一个新的视野，作为大家合力追求的共同目标。

《一千零一个目标》所提出的价值判断的多样性，使人类能够从一个新的视野来追求更高的目标，延续多样的道德形态，尼采这一主张与庄子的齐物精神正相会通。

道家思想自老庄开始便倡导价值取向的多样性与道德判断的多向性。两千五百年前的老子便提出美丑善恶的价值相对性观点，如谓："天下皆知美之为美，斯恶已。皆知善之为善，斯不善已。"（第二章）庄子更阐扬齐物精神：不同的生命都有其独特的价值；万物都有其各自生成的方式和独特的生存样态，如《齐物论》所说："物固有所然，物固有所可。无物不然，无物不可。"

这是庄子对世界上各物的存在性及其独特意义的肯定。但是众多殊异性的主体生命是可以相互会通、互为主体的,即庄子所说的"恢诡谲怪,道通为一"。

(二) 罗素与庄子的会通:破除西方中心论与人类中心论

我们这一代是战后生长的一代,自青少年开始,便处于一个动荡不安的时代。我的祖籍是福建客家地区,十来岁便因战乱随父母迁居台湾。我有生之年,多局限在校园生活。由于蒋氏政权实施戒严长达三十八年,在高压统治下,知识分子的言行往往成为镇制力注视的焦点。官方将儒学的忠孝节义,由"移孝作忠"而狭化为"忠于领袖";学术圈里,则道统意识的樊篱深沉地笼罩着人们的心思。而我在大学期间,课程则以西方哲学为主,从柏拉图到黑格尔,每个哲学家所构造的庞大体系,最后都要抬出一个虚构的上帝,作为其理论的最后保证。在这种无所不包的思维笼罩下,让人深觉失去了真实的自我。直到接触了尼采,我才体会到思想园地里充满着蓬勃的生命感。尼采说:"西方传统哲学注入了过多的神学血液。"这话引起了我的无限共鸣,因而,尼采的酒神精神便成为我冲破西方形而上学网罗以及宋明道统观念囚笼的两个面向。

上个世纪五十年代后期到六十年代后期,在台湾大学校园内外流行着两股西方现代哲学思潮,一是存在主义,一是逻辑实证论。就我个人的学术理路,是由尼采而存在主义再到庄子。罗素之所以对我那一代人产生广泛的影响,不是因为他的分析哲学,而是他解析社会现状的论著,最盛行的如《变动世界的新希望》

(*New Hopes for a Changing World*)①,罗素言论最引起我们共鸣的是他深怀社会良知的呼声。从十九世纪五十年代起,罗素强烈谴责英美政府的侵略行径。1961 年,已经九十高龄的罗素,仍然在参与对英国政府的抗议示威中被捕入狱。

罗素《变动世界的新希望》主旨在于讨论人与自然的冲突、人与人的冲突、人与自己的冲突,并且在各种冲突中探寻和谐的可能性。我们首先谈人与自然的冲突。

中西哲学自然观的差异:天人合一论与天人分离观的对显

在人和自然的关系上,罗素说了如下这些富有现代意义的话:

> 现在我们对于自然的态度,有以骄横代替顺从的危险,这将导致更大的灾难。
>
> 我们虽然能使物质的自然满足于我们的愿望,但我们不能支配自然或改变自然的常态。
>
> 工业耗尽地球的资源,现代的工业其实就是在浪费地球资源,这样必定要受到浪费的报应。

虽然罗素这些言论出现在上个世纪五十年代,但我们现在读来,恰像生态学者对全球人士所作的告诫。与西方文化将人与自然割裂的倾向不同,中国传统文化具有"天人合一"、推崇自然无为的和谐思想。而最早提出"天人合一"观念的就是庄子,如在《知北游》中所提到的"通天下一气"便体现了这种思想。在人与自

---

① 罗素此书曾获得 1950 年诺贝尔文学奖。中文译本在台湾有张易译《世界之新希望》(台湾国立编译馆出版,正中书局印行),英文的翻版书也颇流行。

然的关系上,庄子强调"知天之所为,知人之所为者,至矣"。这就提醒我们既要了解自然的作用,也要了解人为的作用,这样才能真正做到人与自然的和谐,而不是将人类的欲望、行为妄加于自然之上。正如金岳霖先生在《中国哲学》一文中指出的,中国文化一向不将自然与人分割开来,西方则有一种征服自然的强烈愿望,自然与人类隔离的看法带来了西方哲学中的人类中心论,对自然的片面征服让人性更加专断。他说,"如果我们用堵塞的办法来征服自然,自然就会重重地报复我们;不久就会在这里或那里出现裂缝,然后洪水滔天、山崩地裂。人的本性也是一样。例如原罪说就会造成颓废心理,使人们丧失尊严,或者造成愤怒的爆发"①。而另一位当代新道家方东美先生也有相同的看法。在他的一本英文著作《中国人的人生观》(*The Chinese View of Life*)中,也进行了中西自然观与人性论的比较,他提出,"我们对自然的态度与西方不同,自然对我们来说,是普遍生命流行的境界","人和自然之间也没有任何的隔阂,因为人类生命与宇宙生命乃是融贯互通的"②。

在这方面,传统道家文化为我们提供了丰富的思想资源。老子"道法自然",重点在于呈现、表述"道"的精神是"道"遵行自然

---

① 金岳霖《中国哲学》一文的英文手稿写于 1943 年,1980 年发表,由钱耕森中译,收在《金岳霖学术论文选》,中国社会科学出版社,1999 年。文中所引内容在第 362 页。
② 方东美《中国人生哲学》,台湾黎明文化事业公司,2005 年,页 93。在这本书里,方先生在谈到人与自然的割裂时,也讲到西方"神魔同在"的人性二分法,他指出,这是把人性沦为一种恶性二分法(Vicious Bifurcation)。同样,熊十力在《论文书札》中,通过对东西方文化的比较,也指出西方文化的会导致"杀机充大宇"。《熊十力全集》第八卷,湖北教育出版社,2001 年,页 112。

而已,也就是说"道"依据自身的存在方式、遵行自身的活动方式自由运行。同时,在"道"的统摄下,老子也强调了天地人相互联系的整体性。至庄子表述自然,则由物理的自然、人文的自然,进而提升到境界的自然。仅就物理自然而言,他由"刻雕众形"的道之美而提出"天地有大美"。在庄子看来,天地间物象百态,春和桃丽,夏凉柳新,秋爽菊艳,冬凛松劲,无不生机畅达,引发人对山水之美的观赏趣向,就像《知北游》所说:"山林与! 皋壤与! 使我欣欣然乐与!"

后世对山林的品鉴也渊源于此,魏晋南北朝时代的士大夫具有极高的审美情趣,披奇览胜是他们的生活趣味,山水诗画的创作、鉴赏也因而蔚然成风,这与庄子对天地审美情趣的激发不无关系。庄子希望能借由欣赏天地山水之美而达到主体精神愉悦的审美情怀。《外物》篇表达的就是这种情怀:"大林丘山之善于人也,亦神者不胜。"人之所以向往大林丘山,正是因为人置身其中能心神舒畅,悠然适性。

庄子常赞叹大道创生万物时体现的艺术创造精神,"刻雕众形而不为巧"。造化钟灵毓秀,美不胜收,宇宙就是个艺术宝库,处处感发人的审美情趣,使人回归真性、自在的生活,怡然于天地人的和谐共存之中。

庄子宇宙观、人生观的基本主张就在于强调人和天地自然是一气相通的、不可分割的整体,所谓"天地者,万物之父母也"。人应当尊重天地的自性,与天地和谐共生,进而保持人与人之间的和谐共处,以最终实现内心的和谐欣乐,这就是庄子倡导的

"三和"：天和、人和与心和①。圣人之德是"成和之修"，其最高境界就是达到"三和"的状态，也即"游心于德之和"的审美境界。

中西哲学人生观的差异：中国人文传统与西方极权宗教的对显

《变动世界的新希望》全书最精辟之处，在于《种族仇视》及《信仰和意识形态》这两章的讨论（第十二、十三章）。罗素指出各种集团间最剧烈的斗争，经常是导源于经济利益、种族主义和宗教信仰。

有关种族主义的冲突，罗素指出法国人和英国人自黑斯天（Hastings）之战至滑铁卢之战，互相打了七百五十年之久。不过在和平期间，彼此之间并没有真正的厌恶，仍然互相旅游，甚至通婚。但是，"英国血统的美国人对红印第安人的态度就不同了"。的确，英国血统的美国人进入北美洲时，对印第安的土地和人民做了相当残酷的掠夺和屠杀。根据史料记载，被杀戮的印第安人多达两百万人。这段历史在白人的艺术手法描绘下，美化成为所谓的"西部开拓史"，而且塑造了许多好莱坞式的英雄。罗素在讨论白人对印第安人敌意后面的一段文字，提出了"白种人帝国主义"的概念，当时罗素意指俄国政权，然而现在看来，这个概念更适合于"美利坚共和国"。

---

① 《庄子·天道》篇说："夫明白于天地之德者，此之谓大本大宗，与天和者也；所以均调天下，与人和者也。与人和者，谓之人乐；与天和者，谓之天乐。"（庄子把人类与"大本大宗"的天地和谐相应的状态称为"天和"，把人类与天地万物共存共生所呈现出的和乐之境称为"天乐"。这种和乐落实到人间就是调适人间的多样存在，达到"人和"，而消除了族群对立，与人欢愉共处，便是"人乐"。）

　　与种族主义紧密联接在一起的是宗教热狂及其排他性。罗素指出,"信仰不同未必就是冲突的原因;要信仰的争执和狂热的不宽容结合时,才会如此"。罗素列举了佛教传入中国时并未引起争端,而犹太人则是一个例外,他特别指出,"基督教徒从犹太人传承了这种神学上的排他性。它认为对异教崇拜的任何让步,就是容忍偶像崇拜,这是重大的罪恶","宗教战争以回教的兴起而开端。回教徒也如基督教徒和犹太人一样,主张真的信仰只能有一种。虽然他们并不如基督教徒那么不能容忍异端,但他们的不宽容已足使基督教国和回教国之间,无真正和平之可能"。史实证明,在整个中世纪,战争被用为传教的武器,以屠杀为手段排斥其他信仰①。从十字军东征到两次世界大战,几乎所有大规模的战争都导源于西方世界②。这和西方宗教的历史根源相关。

　　罗素的洞见可谓一针见血,正是不宽容和排他性才会引发残酷的迫害、屠杀等暴行。中国古代庄子的慧识也恰好照见了西方种族主义以及宗教之不宽容和排他性的病根,他自始便对这种偏见、成见保持一种警惕。开篇《逍遥游》"小知不及大知,小年不及大年"的提法,正是要人扩充胸襟识见,不要局限于自己片面的"小知"。局限于"小知"的人常对其它事物抱有一种成见,不理解因而也就不承认、不

---

① 由西欧基督教国家对地中海东岸国家发动的十字军东征,历时近两百年(1096—1291年),包括六次宗教性军事行动,为了从伊斯兰教手中夺回耶路撒冷。

② 在东方文化中,日本是唯一的例外,正如罗素在《中国问题》中所说的:"只要是欧洲人对中国所犯的罪行,日本人都犯过,并且有过之而无不及。"也可以说,日本人已经全部摹仿了西方人丑陋的一方面(罗素《中国问题》,学林出版社,1996年,页96)

接受,这种状态被庄子比喻为"蓬心"。以"蓬心"观世,就如同柏拉图"洞穴比喻"中,被铁链锁在洞穴中的囚徒,以囿于一方的狭隘视角来观看问题,并认为自己所见便是全部真理。以成见为真理,并自是而非人,只会使自己的生命陷逆于"日以心斗"的困境,造成人与人之间的隔阂,甚至造成人与人之间的争斗,这在《齐物论》中庄子称之为"成心"。

抱着"成心"的人,"是其所是而非其所非",预示着武断和欠缺包容的心态,针对这种成见,庄子提出了"以明之心",即通过虚境的功夫,使心灵达到空明之境,"以明之心"用现代语言就是指开放的心灵。有着开放的心灵,才能使视野开拓,接纳多样价值和多种视角。

庄子这种"相尊相蕴"的齐物精神为《淮南子·齐俗》篇所继承。庄子的"成心"《齐俗》称之为"隅曲"之见;庄子的"以明之心",《齐俗》称之为"宇宙"视野。因为有着"宇宙"视野的人,才能使百家之言汇聚一堂①。

庄子的"以明之心"、《齐俗》的"宇宙"视野上承老子"海纳百川"和孔子"道并行而不相悖"②之恕道的人文传统。汉代之后,作为异质文化的佛教文化才能够得以引入中国;近代以来,严复引进的自由、民主的思潮,能逐渐落实到母体文化的土壤上。这和罗素提到的宗教不宽容、种族主义形成了鲜明的对比。如果要进行全球异质文化的对话,那么东方应该尽量发出声音,西方

① 《淮南子·齐俗》说:"故百家之言,指奏相反,其合道一也。"
② 出自《中庸》:"万物并育而不相害,道并行而不相悖。小德川流,大德敦化。此天地之所以为大也。"

中心论也要有所反省。

　　（2009 年 11 月，应北京大学高等人文研究院杜维
明院长邀请，参加第二届中印"知识、智慧与精神性"学
术研讨会，本文前言为参与研讨会所写的提纲。一年之
后开始构思并着手写成此文，内容的主题已经由中印对
话转向为中西异质文化的对话，2011 年 12 月 10 日完
稿，刊于香港《国家新视野》2012 年春季号。）

跋：我读《庄子》的心路历程

每个人在不同的阶段接触《庄子》，都会有不同的体验与理解。今天，和大家来谈谈我读《庄子》的心路历程。

一

最初，我是由尼采进入《庄子》的，时间跨度大约从上世纪六十年代初到七十年代初。这是很长的一个阶段，对于《庄子》，我主要是从尼采的自由精神来阐发，同时思想上也受到了存在主义的影响。第二个比较重要的阶段，起自 1972 年夏天我初次访美。在美期间的所见所闻，使我的注意力渐渐从个体充分的觉醒开启了民族意识的视域，而对《庄子》的理解也随之转移到"归根"和"积厚之功"的层面上去。第三个明显的思想分界标志则是"9·11"。它使我更加看清了霸强的自我中心和单边主义，由此推到《庄子》研究上，也使我更加注重要多维视角、多重观点地去看待问题。以上三个阶段并不是完全割裂的三部分，而是随着时空环境的转化才慢慢呈现出来的状态。前一节的思路到了后一节也免不了会余波犹存，或者一条线索起伏地发展着。下面我将侧重在第一、二阶段的阐述，第三阶段也许未来有机会再叙。接下来，我就结合《庄子》文本给大家说说自己读《庄》的理解。

譬如《庄子·逍遥游》第一段："北冥有鱼，其名为鲲。鲲之大，不知其几千里也。化而为鸟，其名为鹏。鹏之背，不知其几千里也。怒而飞，其翼若垂天之云。是鸟也，海运则将徙于南冥。南冥者，天池也。"最初我的理解侧重在"游"，在"放"，在"精神自由"，这里我可以拿尼采的观点来对应。尼采曾经自称为"自由精神者"（《愉快的智慧》），他说："不管我们到哪里，自由与阳光都绕着我们。"而庄子"逍遥游"正是高扬的自由自在的精神活动。

尼采和庄子所散发的自由呼声，使我能够从道统化的观念囚笼中走向一个没有偶像崇拜的人文世界。我在大学时代，台大哲学系的教学以西方哲学为主，四年所修的课程，使我一方面极其赞赏西方哲人具有如此高度的抽象思维，但又令我深深感到西方传统哲学确如尼采所说，注入了过多的神学血液。（尼采《反基督》说："我们整个哲学血管里具有神学的血液。"）尼采宣告"上帝之死"及其进行"价值转换"的思想工作，使他背负了西方两千多年沉重的历史承担。相形之下，庄子浸身于诸子相互激荡下的人文思潮中，在老庄的人文世界里，没有尼采所承受的神权、神威所浸淫的宗教和神学化的哲学漫长历史重担。庄子的人文世界里，天王消失了，连人身崇拜的人王也不见踪影，"其尘垢秕糠，将犹陶铸尧舜"（《逍遥游》）。

　　我的青年时期，正处于新旧儒家重塑道统意识及其推波助浪于个人崇拜的空气中。这时，尼采的这些话语使我感到眼明心亮："生命就是要做一个人，不要跟随我——只是建立你自己！只是成为你自己。"（《愉快的智慧》）"留心，别让一个石像压倒了你们！你们还没有寻找自己，便找到了我。一切信徒都是如此，因此，一切信仰都不值什么。""我教你们丢开我，去寻找你们自己！"（《查拉图斯特拉如是说》卷一《赠与的道德》）庄子的人文世界里，"独与天地精神往来"，"汪洋恣肆以适己"，既没有康德式的"绝对命令"，也不见膜拜"教主"的幻影崇拜症。

　　尼采和庄子都是热爱生命的。尼采说："世界如一座花园，展开在我的面前。"（《查拉图斯特拉如是说》卷三《康复者》）他借查拉图斯特拉唱出如此热情的歌声："我的热爱奔腾如洪流——流向日起和日落处；从宁静的群山和痛苦的风暴中，我的灵魂倾注于溪谷。我心中有一个湖，一个隐秘而自足的湖，但我的爱之急流倾泻而下——注入大海！"（卷二《纯洁的知识》）"你得用热情的声音歌唱，直到大海都平静下来，倾听你的热望！"（卷三《大热望》）庄子则说："若人之形者，万化而未始有极也，其为乐可胜计邪！""善吾生者，乃所以善吾死也。"（《大宗师》）庄子善生善死的人生态度，忽然使我想起泰戈尔的诗句："愿生时丽如夏花，死时美如秋叶。"不过，尼采和庄子属于两种不同的生命形态，尼采不时地激发出"酒神精神"，庄子则宁静中映射着"日神精神"。

　　尼采《查拉图斯特拉如是说》第一卷首章《精神三变》，认为人的精神发展有三个阶段：一开始是骆驼精神，之后是狮子精神，最后再由狮子变成婴孩。骆驼具有忍辱负重的性格,狮子代表了批判传统而获得创造的自由,婴孩则预示着新价值创造的开始。我们的人生历程常会是如此由量变而质变的,《庄子》的鲲鹏之变也是如此渐进的。

尼采所说"狮子精神",在《庄子》外杂篇中随处可见。不过,我还是较欣赏骆驼精神和婴儿精神。虽然如此,尼采的酒神精神仍然不时激荡在我的心中,因而理解《庄子》,心思多半还是放在鲲鹏之"大"上,放在大鹏"怒而飞"的气势上。

随着年龄与阅历的增长,我的心思就渐渐由当初的激愤沉淀下来,进而体会到"积厚"的重要性。鲲在海底深蓄厚养,须得有积厚之功;大鹏若没有经过心灵的沉淀与累积,也不可能自在高举。老子说:"九层之台,起于累土。千里之行,始于足下。"(《老子》六十四章)走千里路,就得有一步一步向前迈进的耐心。同时在客观条件上,如果没有北海之大,就不能蓄养巨鲲,也就是说如果没有深厚的文化环境,也就不能培养出辽阔的眼界、宽广的心胸。而蓄养巨鲲,除了溟海之大,自身还得有深蓄厚养的修持工夫,要日积月累得由量变而质变。"化而为鹏",这意味着生命中气质变化所需要具备的主客观条件。

大鹏"怒而飞",晓喻人奋发向上,发挥主观能动性;"且夫水之积也不厚,则其负大舟也无力","风之积也不厚,则其负大翼也无力"。这是鹏飞之前需储蓄足够起动的能量,而后乃能待时而兴,乘势而起。同样,我们行进在人生道路上,主观条件的创造,确实很重要的。在人生旅程中,即使举步维艰,也要怀着坚韧的耐心继续向前走。疗伤也要有耐心,受的挫折越多越大,就越需要有积厚之功,让你重新站起来。早先我读"任公子钓大鱼"的寓言,觉得气派非凡,而后就慢慢注意到任公子拿了五十头牛做诱饵,投竿到东海,"旦旦而钓",真的也是付出了很大的耐心的。年轻的时候往往欣赏孟子那种气势、气概,希望自己有朝一日能够一飞冲天。但老子说过,"为学日益,为道日损"(《老子》四十八章)。岁月的推移,终将使人觉察到"为学日益"、"积厚之功"的重要性。

我是念哲学的,对于鲲化鹏飞寓言中所蕴涵的哲理,除了从人生不同历程来解读之外,久之又会从哲学专业的角度做出诠释。例如,其一,从工夫到境界的进程来解读;其二,从"为学"到"为道"的进程来理解;其三,从视角主义(perspectivism)多重观点来解释。这里简略说说前两项。

(一)从工夫到境界的进程:鲲的潜伏海底,深蓄厚养经由量变到质变,乃能化而为鸟;鹏之积厚展翅,奋翼高飞,这都是属于工夫修为的层次。而鹏之高举,层层超越,游心于无穷(所谓"其远而无所至极"、"以游于无穷者"),这正是冯友兰先生所说的精神上达"天地境界"的层次。工夫论和境界说是中国古典哲学的一大特色。而鲲化鹏飞的寓言,正喻示着由修养工夫到精神境界层层提升的进程。说到这里,我不能不指出郭象对《庄子》本义的扭曲,郭象的曲解一直延误到王船山(如《庄子解》所谓"小大一致,则无不逍遥")。而郭象以"小大虽殊,逍遥一也"的注解贻误尤深,如果根据郭象不惜牵人以合己的武断诠释,以为小麻雀只要在矮树丛中跳跳跃跃,自得于一方就行了。所谓"小鸟之自足于蓬蒿"(《秋水》注),这和井底之蛙的"自足"有什么区别?

读任何经典,都得考虑它们的语脉关系,《齐物论》中万物齐同的语境意义和《逍遥游》中的"小大之辨"是不可混为一谈的。郭象以"齐小大"观念将大鹏之远举与斥鴳之腾跃等同视之,他采用横向削平的方式,而全然无视于纵向发展的深度和高度。这样,郭象不仅消解了庄子修养工夫的进程重要环节,也消解了庄子层层递进的境界哲学。

(二)为学向为道的进程:《老子》四十八章出现两个重要的命题:"为学日益,为道日损。""为学"是经验知识的累积,"为道"是精神境界的提升。老子似乎并没有把这两者的关系联系起来,而且《老子》还说过"绝学无忧"(二十章),这样"为学"和"为道"成为不相挂搭的两个领域。严复就曾经批评《老子》"绝学无忧"的说法:好比非洲的驼鸟,敌人追赶奔跑,无处可逃,便埋头到沙滩里。"绝学"就能"无忧"吗?严复的批评有道理。总之,老子提出"为学"与"为道"的不同,这议题确实很重要,但两者如何衔接,是否可以相通,这难题留给了庄子。在鲲化鹏飞的寓言中,庄子喻示了修养工夫到精神境界的一条进程,同时也隐含了"为学"通向"为道"的进程。《庄子》书中,写出许多由技入道的寓言,如庖丁解牛(《养生主》)、痀偻承蜩、梓庆为鐻(《达生》)、司马之捶钩者(《知北游》)。这些由技艺专精而呈现道境的生动故事,都表达出"为学日益"而通向"为道"的神高超妙境界。

二

尼采说:"一切决定性的东西,都从逆境中产生。"1966年,我开始在中国文化大学哲学系教书，由于在一个非正式的场所说了几句被视为禁忌的话，暑假期间就在特务机关的压力下遭到解聘，直到1969年才在台湾大学哲学系获得专任讲师的职位。这三年处于半失业状态，东奔西跑，兼课过日子，心情上可谓煎熬度日，就在生活的逆境中，我专注到老庄的研究上，经历六七年的工夫，终于先后完成《老子注译及评介》、《庄子今注今译》。借着注译的工作，跟古代智者进行对话。委实说来，我投入老庄的思想园地，跟自己在现实生活上追求自由民主的理念是相应的。然而这条思路在1972至1973年之间，起了一个很大的转折。

1972年访美，因故而匆促回台，第二年就发生台大哲学系事件，使我再度被迫离开台大教职（一直到1997年才平反复职，长达二十四年之久），我跌入前所未有的困境中。不过，现在看来，倒是如《老子》所说，"祸兮福之所倚"。

1972年夏天我初访美国时，从西部到东部游历了三个月，所见所闻，一方面有如《庄子·秋水》所写河伯流向北海，大开眼界；另一方面，所听闻和目睹的，却不断冲击着我的思维。

我赴美国的第一站，到加州圣地亚哥探望我的妹妹和妹夫。几天后，留美学生在校园放映有关南京大屠杀的纪录片，我前往观看。这是我生平第一次看到一群群日本士兵手持军刀疯狂屠杀老弱妇女的镜头，纪录片中外国记者还拍摄到一卡车、一卡车地搬运平民尸体的实况。这使我联想起幼年时期日军轰炸我家乡的惨景，也使我回想起大一、大二所读的中国近代史的课程——自鸦片战争之后，我们的国家不停地受到列强的侵略，一百多年来，不止一个国家欺凌你，而且多国欺凌你！外战刚完，内战又起,这又使我想起大学毕业时的光景,我被分派到金门服兵役(那时候每个大学生都要服两年兵役),那是我头一回上"前线"。我站在古宁头碉堡上,遥望着对岸,那就是我的故乡,我出生在厦门鼓浪屿("鼓应"这个名字,就来自于"鼓"浪屿)。那时我忽然产生这样的想法:我哥哥就在对岸,如果一旦发生战争,我们兄弟就要被迫对阵,但是我有什么理由,要拿起枪杆,枪口对着我的亲人? 在金门服役的八个月里,我经常想着这类的问题。

　　我和大批的留学生都属于大战后成长的一代,我们亲身经历过战火给家园带来的灾难,目睹苦难人群的流离失所。南京大屠杀的纪录片,给我巨大的冲击,我身处保钓运动反帝民族主义的思潮中,也不免反省到同胞相残的内战有什么意义。《庄子》不是早就说过嘛:"君独为万乘之主,以苦一国之民……夫杀人之士民,兼人之土地,以养吾私与吾神者,其战不知孰善?"(《徐无鬼》)庄子还以"触蛮相争"的寓言来讥刺当时的内战:"有国于蜗之左角者,曰触氏;有国于蜗之右角者,曰蛮氏。时相与争地而战,伏尸数万。"(《则阳》)我旅美期间沿途接触到许多港台的留学生,都是当时最优秀的知识分子,他们投入保钓运动,在同胞爱的思绪与情怀中,发出民族团结的呼声,我们为什么还要背负上一代政治人物的恩怨? 保钓运动中的留学生,多从政治文化的角度进行反思;当时的我,则只从人性的立场来省思,一直到我对美国的政情有着进一步认识之后,我对问题的思考,才提到政治的宏观角度。

　　到美国之前,基本上我是个激进的自由主义者(依我看来,自由主义者可分为两类,比如,"五四"时代陈独秀是个激进的自由主义者,而胡适是个保守的自由主义者;1950 年以后的台湾,殷海光是个激进的自由主义者,而胡适依然是个保守的自由主义者)。由于倡导言论开放和维护人民的基本权利,在当时的环境以及师承渊源上,我常被划归为"亲美派",确实我那时内心也相当倾慕美国,但我环绕美国一周之后,发现我心目中的"自由民主圣地"居然运送大批坦克大炮去支持全世界那么多独裁国家,而且全球性地在别人的国土上进行分裂活动。我们在白色恐怖时期从事民主活动的"党外人士",哪一个不把美利坚当成主持正义的"理想国"?美国之行,使我对西方式的"民主"和生活方式有了新的认识和"价值重估",同时方兴未艾的保钓运动,也开启了我的华夏思维和社会意识,两者激荡下,对我原先所支持的自由主义和个人主义产生了很大的冲击。简要地说,就是由原先的个体自觉,扩大到对社群的关怀;由怀乡意识,走向反帝的民族主义者。

关于社会关怀的议题,除了为数不少的政论文字之外,我在学术的领域内,发表过《诗经中的民声》、《墨子的社会意识》等文章,1990 年后参加多次国际会议又发表过多篇论文,如《道家的社会关怀》、《道家的和谐观》、《道家的礼观》等。在这里,我想说说我的怀乡意识。

1972 年以前,由于我生活在白色恐怖的专制政治之下,而学术界又笼罩在"道统"意识的低沉空气中,因而个体自觉和个性张扬成为我那时期的用心所在。而庄子"万物殊理"的重要命题,便成为我倡导个体殊异性的理论根据。

那时期,台湾当局将海峡对岸全盘性地以"敌我矛盾"看待,亲人音讯全被隔断,偶而由第三国传达信息,总是感到心惊肉跳,若被特务机关听到风声,便会即刻以《惩治叛乱条例》逮捕。有一次,我妹妹从美国加州托朋友带来一封我四哥从泉州写来的信,这是我们兄弟音讯隔断二十多年的第一封家书。当时的情景我还记得很清楚,我的老友张绍文叫我到他家,转给我这封家书,我拿了信走进绍文家的洗手间,关起了门,看四哥的信,四哥信中建议:我们在中秋节黄昏六点钟晚餐时刻,兄弟四人一同举杯互祝健康,由他通知在长汀城里的二哥和河田乡下的三哥。看完四哥的信,我擦干泪水,不作一声地走回客厅和老友继续聊天。当时的政治气氛,连我这样的书生都警觉到,别说亲兄弟,亲生父母也不得书信来往,如果我把这事向人说了出去,不但可能给自己惹祸,也会让朋友遭殃。现在的年轻人,只要存着人性关怀的心肠,都需要了解我们亲身经历的一段白色恐怖的历史。这只是忽然间想起的一节小事例而已。

我到了美国,身处异邦,遥望祖国大陆,那里传来的每个景物风情的画面,都激起我的思乡情怀,"旧国旧都,望之畅然:虽使丘陵草木之缗入之者十九,犹之畅然"(《则阳》)。这话在当时想来,格外有弦外之意。《庄子·徐无鬼》还有一段写游子思乡的心情:"子不闻夫越之流人乎?去国数日,见其所知而喜;去国旬月,见所尝见于国中者喜;及期年也,见似人者而喜矣;不亦去人滋久,思人滋深乎?"思乡之情,更加能触发我的民族意识。在当时的环境与气氛之下,民族意识却成为我和王晓波在"台大哲学系事件"中遭受整肃的主要原因。

民族意识可以朝两个不同的方向发展,一个是强权扩张性的民族主义,一个是反殖民、反侵略的民族主义。我从1972年访美到2003年"9·11事件"前后,越来越看得清楚这两个方向的发展脉络。这时我忽然想起柏拉图的"洞穴比喻"。我有机会走出洞穴,看到了世界的真相,也回想起我从中学时期开始,就喜欢看电影,特别是西部武打片。电影中的西部开拓者,经常成为我们心中的英雄。剧情中的"红蕃"总被当成被猎的对象,剧情也常把红白之间看是绝对善恶的两方。当我们走出洞穴后,才明白价值的颠倒,才知道所谓的西部开拓史,其实是一部美国原住民的血泪史。印第安人的美好山河、宝贵生命,一寸寸地、一个个地被带着先进武器的白人烧杀掳掠。走出洞穴之后,更能深刻体会到,在全球化的发展过程中,我们应该破除单边思考的模式,要学习尊重地球村中各个不同的民族,并欣赏与包容不同的文化特色与生活方式,应该透过多边思考来相互会通,并在相互会通时仍保有各自的独特性。走出洞穴之后,使我经常能够体会到《齐物论》中的哲理。比如说,我读到"啮缺问王倪"的寓言中"孰知正处"、"孰知正味"的发问时,深感应该打破人群或人类自我中心主义,但这还只是思想概念上的意义。而这二十多年来,数十次地往返于太平洋东西两岸之间的亲身经历,对人同类相害、异类相残的所见所闻,和人类对地球生命的漠视与毁损的事实,让我更深刻地意识到庄子齐物思想的现代意义。

现实经验的历程和我对道家,甚至对中国哲学的研究态度,却有直接和间接的关系。现在我再举庄子"鲁侯养鸟"和"混沌之死"的寓言,来说明多边思考的意涵。先说"鲁侯养鸟"。鲁侯将一只飞落在郊外的海鸟,迎接到太庙,宰牛羊喂它,送美酒给它喝,这只鸟不敢喝一口酒,不敢吃一块肉,目眩心悲,三天就死了。这是用自己的方法去养鸟,不是用养鸟的方法去养鸟("此以己养养鸟也,非以鸟养养鸟也")。所以庄子说,"先圣不一其能,不同其事"。我很喜欢这寓言所蕴涵的道理,我总要借它来张扬人的智能才性之不同,教育方式和为政之道都不可用一个模式去套。我们传统的教育方式,包括父母对待子弟的教养,通常不是采用庄子式的顺性引达的诱导方法,而惯用儒家规范型的训诫方式。为政之道也如此,领导者常出于己意制定种种政策和法度,政策和法度若不适民情民意,自然容易酿成灾难。"9·11"之后的美国,对中东发动的一轮十字军东征,以输送"自由"、"民主"为名,其后果也正是"具太牢以为膳"而强"以己养养鸟"。

　　"浑沌之死"的寓言,和"鲁侯养鸟"故事有相通之处。南海的儵和北海的忽相遇于中央的浑沌之地,"浑沌待之甚善"。为了报答浑沌的美意,"日凿一窍,七日而浑沌死"。早先我会从真朴的自然本性来解释"浑沌",从"有为"之政导致人民灾害来解释雕凿所产生的恶果。后来世事经历多了,眼界开些,心思广些,就越能体会老庄相对论的道理。不仅仅在政治层面,不能流于专断、独断,当博采众议;社会层面,也要留意过度自我中心常会导致意想不到的流弊。鲁侯的单边思考,用意是好的,却造成鸟的"眩视忧悲",以至"三日而死"。儵与忽"谋报浑沌之德",立意是善的,但使用"凿"的方式,却造成"七日而浑沌死"。庄子的相对思想和多边思考是相联系的。

三

尼采使我积极,庄子使我开阔。这里我以庄子《则阳》和《德充符》篇中的两句话为例,来说明我在不同的历程中解读的侧重面。其一是"万物殊理,道不私"(《则阳》),其二是"自其异者视之,肝胆楚越也;自其同者视之,万物皆一也"(《德充符》)。前者在道物关系中蕴涵着殊相和共相、个体和群体关系问题;后者谓自"物"的世界中,不同的视角可得出不同的观点。我就这两点谈谈我读《庄子》的心路。

前面说过,1972 年以前,由于我生活在一个视个体生命如草芥的政治环境中,而排斥异端的"道统"意识又弥漫着学术园地,因而庄子"万物殊理"的哲学命题成为我伸张个体殊相的重要理论依据。再加上当时校园里分析哲学学术空气的影响,所以比较偏向"自其异者视之"这一视角来看待事物,这里当然隐含着我对专制政体推行的吞噬个体的集体主义的反抗意识。因而,庄子《齐物论》中"万窍怒号"、"吹万不同"的名言,成为我由衷赞赏的典故。

但 1972 年之后,我渐渐地由"万物殊理"执着进而理解"道者为之公"的意义,以及两者间的相互含摄性。我渐渐地认识到,如果只由"自其异者视之",就容易对事物流于片面观察,也容易局限于自我中心,因而也需要"自其同者视之"以扩大自己的视域。河伯如自得于一方,"以天下之美为尽在己",那就成了"拘于墟"、"笃于时"、"束于教"的井底之蛙,要等见到海若才知天地之大,而海若却"不敢以此自多"。每回读《秋水》篇,就会反

思自己努力要从河伯的视域走向海若的视域。这是长期对世界
不同文化的观察和自我反思所经历的一段漫长道路,而庄子的思
想观念也不时地开拓我的心胸。

　　现在让我再从《齐物论》和《秋水》举例来说明。比如,我先
前讲《齐物论》,特别欣赏"十日并出"象征开放心灵的比喻,这和
儒家"天无二日"的主张刚好形成鲜明的对比(从这里也可窥见
儒、道在以后成为官方哲学和民间哲学的不同走向)。讲《齐物
论》的过程中,我会一直强调"相尊相蕴"以及"物固有所然,物固
有所可"的齐物精神,但对于"道通为一"("举莛与楹,厉与西施,
恢恑憰怪,道通为一"),要通过一段相当长的生活经验,才能贴
切领会庄子的同通精神。庄子不仅认识到"物之不齐,物之情
也"(《孟子·滕文公》),同时肯定各有所长,并且将不齐之物提
升到更高的层次上来相互会通。正如从地域观念来区分,就有上
海人、江浙人、闽南人、客家人,这是"自其异者视之",但若从"同
者视之",那么"四海之内皆兄弟也"。从庄学的多维视角、多重
观点来看,生活在现实世界中的人,既有其区域文化的独特性,也
有其作为宇宙公民的共通性。刚才所引《齐物论》的话"恢恑憰
怪,道通为一",就是说,天地间的每个个体是千差万别的,但在
宇宙的大生命中,彼此之间是可以相互会通的。

　　在齐物的世界中,万事万物是千姿百态的("万窍怒号"、"吹
万不同"),但彼此之间不是孤立不相涉的,而是相互含摄、相互
会通的——这是庄子之"道"的同通特点。《齐物论》最后两则
寓言"罔两问景"与"庄周梦蝶",也可以从个体生命在宇宙生
命中的会通来理解。以前我读"罔两问景"时,老感到困惑难

解,只好依照郭象的说法讲,影和形,"天机自尔,坐起无待",但从文本上却又找不出和原义相对应的解释。其实,庄子的人生论是建立在他有机整体的宇宙观的基础上——宇宙间一切存在都有其内在的联系,彼此层层相因,相互对待而又相互依存。"罔两问景"的寓言,并不在于强调物各"自尔"、"无待",反之是说现象界中物物相待相依关系,庄子意在"以道观之"来会通万物。

《齐物论》篇尾是一则家喻户晓的"庄周梦蝶"的寓言:"昔者庄周梦为胡蝶,栩栩然胡蝶也。自喻适志与,不知周也。俄然觉,则蘧蘧然周也。不知周之梦为胡蝶与? 胡蝶之梦为周与? 周与胡蝶,则必有分矣。此之谓物化。"这则寓言,正是呼应开篇首段主旨"吾丧我"的。从"吾丧我"到"物化",首尾相应:"丧我"是破除成心,破除我执,"吾"("真宰"、"真君")是将自己从封闭心灵中提升出来而以开放的心灵("以明之心")与宇宙万物会通的大我。《庄子》谈"我",不同的语境有不同的意涵,有时指自我中心的个体,有时指社会关系中的存在,有时指参与宇宙大化的我。"庄周梦蝶"承接开篇"吾丧我"之旨,写个体生命在人间世上的适意活动及其"翛然而往,翛然而来"(《大宗师》)融合于宇宙大化流行之中("此之谓物化")。

不过,早年我读"庄周梦蝶",最引发我兴趣的,却是这一古代"变形记"中所描绘的"栩然适志"的生活情景,它立即使我想起卡夫卡《变形记》中主角格里戈有一天醒来忽然变成一只甲壳虫,想爬出卧室赶早班车去上班,但感到自己言语不清,行动迟缓,只能在室内爬行度日。这篇小说描绘出现代人空间的囚禁感、时间的紧迫感及现实生活的逼迫感,这正反映了现代人的生活心境。对比之下,"庄周梦蝶"则道出人生快意适志,如蝴蝶飘然飞舞,悠然自得,世界宛如一座大花园,无所往而不乐。我们所体会到的是庄子达观的人生态度。我先前对"庄周梦蝶"的故事,是出于文学性的领会。后来,才留意最后这两句话的哲学意涵:"周与胡蝶,则必有分矣。此之谓物化。""分"与"化"是这则寓言中所使用的重要哲学关键词。(我们读书要注意每章每节文本中的关键词所透露出的隐含或显明的思想观念,并且留意由概念范畴发展成未显题化或显题化的哲学议题。)"分"是讲每个个体生命,时空中的存在体;"化"是讲宇宙的大化流行。"庄周梦蝶"这寓言,和"罔两问景"寓言一样,不能孤立地作解,要从《齐物论》的主旨来理会。前面说到的"恢恑憰怪,道通为一"——个体生命千差万别,但在宇宙大生命中,可以相互会通,这里也说庄周和蝴蝶"必有分矣",庄子巧妙地借着梦境来打破彼此的区分——在庄子的气化论中,死生存亡为一体,无数个体生命起起落落,时而化成庄周,时而又化为蝴蝶,个体生命总是要融入宇宙大生命中,而个体生命在宇宙大生命中总是有内在联系的。"物化",要联系着"道通为一"来讲。"化"和"通"是了解庄子哲学重要的概念范畴,鲲可以化而为鹏,庄周可以化而为蝴蝶,在大化化育流行的过程中,个体生命在宇宙大生命中是不住地流通变通的。

　　和"庄周梦蝶"对比,我个人更欣赏"濠梁观鱼"的故事。我在研究所毕业后,刚到大学教课时,因为课程的需要,除了老庄之外,教了五六年以上的逻辑课程,所以我对惠子与庄子的论辩,初读时会注意两者的论辩哪一个比较合乎逻辑推论的程序。比如说,我会觉得惠子的逻辑理路比较清晰,同时我也注意到他们的论辩好像火车轨道是平行的,而没有交集的地方。后来我会进一步注意到他们的论辩提出了哪些重要的哲学问题(比如说,他们提出主体如何认识客体的问题),也看出惠子是出于理性来看问题,而庄子则站在感性思维观赏这世界。原先我认为在逻辑理路上庄子是流于诡辩,之后我慢慢体会到,"请循其本"应该不是我所说的"话题从头解释起"。庄子是站在从感性同通的角度来观看事物,因此"本"是指从心、性、情的角度来观看,乃是说人的情性可以相互交通的,与外物也是如此。

惠子与庄子游于濠梁之上,"游"是心境,"濠梁"是美景。以如此的心境,遨游于如此美景,寄情托意。庄子看到小白鱼,就说小白鱼也很快乐。惠子则提出了一个非常重要的哲学问题:你怎么知道小白鱼是快乐的? 就是说,主体如何了解客体。主客体关系问题是庄、惠论辩中的一个重要的哲学议题,也是西方哲学中的一个重要问题。惠子从理性的角度来分析事物,庄子则是站在感性的角度来观赏世界,两个人的个性与世界观本就不同。惠施的逻辑理路很清晰,但我又喜欢庄子感性"同"、"通"的美感情怀。

念哲学也好,念文学也好,彼此要互补。哲学系太重视理性与抽象思维,文学系更重视情感和形象思维。两边需要调节互补,让情与理兼顾。我欣赏"异",承认不同的人会有不同的智能才性,要张扬个体的优点长处;但是另外一方面,我们也需要相互沟通,既能用惠施的理性去研讨论文,又能用庄子的情怀,彼此发挥更多的"同"与"通"精神。

（本文为 2008 年 4 月 9 日在南京大学图书馆报告厅、4 月 14 日在华东师范大学先秦诸子研究中心所作演讲，经叶蓓卿整理合并，发表于《诸子学刊》第二辑。）